L'EPHEMERE RESURRECTION DE LA BASTILLE

PARISIS CODE (tome 1)

Le plus grand secret jamais révélé sur Paris

Editions Dualpha, 2009

ISBN 978-2-35374-119-9

LE CODE SECRET DES RUES DE PARIS

(Parisis Code tome 2)

Editions Dualpha, 2012

ISBN 978-2-35374-210-3

ET DIEU CREA ...LE CODE - (Parisis Code tome 3)

Editions Lulu.com, 2012

ISBN 978-2-9540731-7-0

PARIS, CAPITALE DU DESTIN - (Parisis Code 4)

Editions Lulu.com, 2012

ISBN 978-2-9540731-4-9

LE METRO VIRTUEL - (Parisis Code 5)

Editions Lulu.com, 2012

ISBN 979-10-91289-01-6

L'EPHEMERE RESURRECTION DE LA BASTILLE

Editions Lulu.com, 2011

ISBN 978-2-9540731-0-1

LE SECRET SOLAIRE DU MONT SAINTE ODILE

Editions Lulu.com, 2011

ISBN 978-2-9540731-3-2

LES PHENOMENES SOLAIRES ARTIFICIELS

Editions Lulu.com, 2011

ISBN 978-2-9540731-2-5

LE GRAND CODE DE LONDRES

Editions Lulu.com, 2012

ISBN 979-10-91289-04-7

LES CLEFS CACHEES DE LA VIE

Editions Lulu.com, 2012

ISBN 979-10-91289-05-4

ENIGMES

Editions Lulu.com, 2012

ISBN 979-10-91289-06-1

Thierry Van de Leur

L'EPHEMERE RESURRECTION DE LA BASTILLE

1887 - 1891

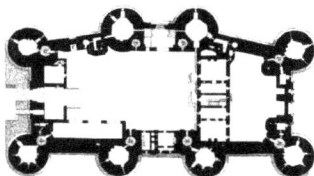

D'après les archives de Jean-Marie Perrusson (1886 à 1891)

Collection Pigeat (1960)

L'éphémère résurrection de la Bastille

Note de Copyright et première édition novembre 2011

Contact auteur : t.van-de-leur@laposte.net

Imprimé en Europe par : www.lulu.com

Dépôts légaux Bibliothèque Nationale de France en novembre 2011

© 2011 par Thierry Van de Leur. Tous droits réservés.

Livre autoédité et vendu sur :

www.lulu.com

ISBN : 978-2-9540731-0-1

EAN : 9782954073101

A mon épouse, Agnès,
A ma fille Cindy,
A Fernand Pigeat
Toute ma gratitude…

Et bien entendu…à Monsieur Jean-Marie Perrusson

SOMMAIRE

L'ETRANGE SAUT DANS LE PASSE

Lucie Marchand (mon arrière grand-mère), possédait une boutique de mercerie et de mode sur la place de l'église, à Pont-sur-Yonne.

Pour être en permanence au courant de la dernière tendance de la mode et achalander correctement sa boutique, elle se rendait régulièrement à Paris. En ce jour du 8 août 1888, elle se trouvait dans la capitale pour y rencontrer quelques-uns de ses fournisseurs.

En fin de journée, sachant que se préparait au Champ de Mars l'Exposition Universelle de 1889, elle décida par curiosité d'aller y jeter un coup d'œil.

Lucie Marchand, en 1888

Le fiacre qu'elle emprunta descendait l'Avenue de la Motte-Piquet. Au niveau de l'Ecole militaire, elle put apercevoir au loin cette fameuse grande tour métallique, dont tout le monde parlait, et qu'un certain Gustave Eiffel était en train d'ériger face au Trocadéro.

Le deuxième étage de la tour était en cours de montage et l'ensemble était déjà spectaculaire !

Elle fit arrêter le fiacre pour l'admirer un instant, puis continua sa course, chassée par les bruits métalliques assourdissants des nombreux chantiers en cours partout sur le Champ de Mars.

Le Pavillon des Machines était presque terminé. Ce palais grandiose pourrait contenir en hauteur l'Arc de Triomphe !

Alors que la voiture s'apprêtait à emprunter l'Avenue de Suffren, son attention fut détournée par des détonations, des cris et des coups de fusils.

Stade de la construction de la tour Eiffel en août 1888

A n'en point douter, un combat féroce avait bien lieu dans les parages ! Lucie fort intriguée fit stopper le fiacre et s'approcha d'une magnifique porte monumentale richement décorée où un attroupement de curieux s'était déjà formé.

Une haute clôture empêchait de s'approcher de la source de ce vacarme inquiétant…

A travers l'épaisse fumée dégagée par les canons et les fusils, des centaines d'hommes s'affrontaient violemment à l'arme blanche en poussant des cris sauvages. De nombreux civiles et militaires maculés de sang gisaient au sol.

Des brancardiers débordés par les événements s'affairaient sur le théâtre des opérations.

Lorsque la fumée s'estompa, Lucie distingua au loin une imposante forteresse sombre qui s'élevait au milieu des maisons. Les canons effrayants continuaient de tirer…

Elle reconnu tout de suite qu'il s'agissait de la célèbre prison de la Bastille, souvent représentée à travers les images d'Epinal de ses livres d'école, lorsqu'elle était petite.

Elle fut choquée par ce spectacle anachronique car elle savait bien que la sinistre prison avait été entièrement rasée il y a un siècle, après la Révolution.

De plus, que faisait-elle si loin de la Place de la Bastille ? Et pourquoi tous ces gens regardaient t-ils ce drame sans peur et même avec un certain sourire ?

Mais pourquoi donc cet homme lui réclamait un franc pour franchir cette magnifique porte monumentale ?

De plus, l'Exposition ne devait ouvrir ses portes que l'année suivante ! Rien dans cette vision ne semblait logique, et Lucie, angoissée se demanda un instant si elle n'était pas tout simplement devenue folle…

Gravure de l'Exposition Universelle de 1889, montrant où fut reconstruite la Bastille et la rue Saint-Antoine.

LA FABULEUSE DECOUVERTE DE FERNAND PIGEAT

Soixante douze ans plus tard, en 1960, à Ecuisses, en Saône et Loire, au bord de la 9ème écluse, un homme pénètre dans l'usine désaffectée qui appartenait à la famille Perrusson depuis un siècle tout juste.

Cette propriété et ses dépendances viennent d'être rachetées par la Famille Pigeat.

Cet homme de 33 ans s'appelle Fernand Pigeat. Il est chef d'entreprise à Montchanin, et est chargé de nettoyer l'ensemble du site, notamment de vider les locaux et détruire l'usine.

Le travail commençant à manquer dans la région, il fallait trouver un moyen d'occuper les ouvriers…

Il doit débarrasser entièrement toutes les affaires inutiles qui appartenaient à la famille Perrusson depuis 3 générations.

Dans le bureau du directeur qui se trouvait proche de l'entrée principale, au dessus des écuries, avaient été entreposées de nombreuses caisses en bois contenant entre autre des lettres, documents comptables et les archives obsolètes de l'entreprise Perrusson.

Tout devait être brûlé prochainement et ensevelit dans une décharge…

Logo de l'entreprise Pigeat

La fenêtre du bureau où se trouvaient les archives de la Bastille

Par curiosité, Fernand Pigeat ouvrit une de ces caisses. Ce qu'il trouva à l'intérieur le bouleversa au plus haut point !

En effet, après avoir ouvert une des liasses pressée entre deux plaques de bois et lu quelques documents datant de plus de 73 ans, il s'aperçu qu'il était en présence d'un dossier complet et apparemment très précieux concernant une reconstitution historique qui avait apparemment été réalisée en 1887…à Paris .

Tout cela semblait bien mystérieux mais bien réel. De toute façon, ces papiers très anciens devaient être respectés et il n'était pas question de les détruire avant de les avoir examinés plus en détail. Fernand ramena donc chez lui, à Montchanin, le précieux butin…historique

En fait le bureau de l'usine Perrusson s'avéra être une véritable caverne d'Ali-Baba ; d'ailleurs aux vues de tout ce que renfermaient ces caisses, Fernand et son épouse Ginette en restèrent baba!

Les précieuses archives relataient en détail la reconstruction de l'un des plus mythiques monuments français : la prison de la Bastille ! Tout y était, depuis le projet jusqu'à la réalisation finale.

L'ensemble était accompagné de nombreuses photos, affiches, plans, et articles de presse de divers journaux parisiens faisant part au jour le jour du suivi des travaux.

Entrée principale de l'usine Perrusson à Ecuisses (9ème écluse)

Derrière Fernand Pigeat, la fenêtre du bureau de Jean-Marie Perrusson où furent découvertes, en 1960, les précieuses archives de l'Exposition Rétrospective de la Bastille de 1889

Fernand Pigeat n'avait jamais entendu dire que la Bastille fut un jour reconstruite à l'identique !

D'ailleurs, il s'apercevra très vite qu'il n'était pas le seul à ignorer ce fait historique. Même les parisiens avaient complètement oublié cette page de l'Histoire !

Malgré les preuves accablantes et les nombreux documents en sa possession, Fernand Pigeat eu beaucoup de mal à faire admettre sa découverte, même au sein de sa propre famille et encore plus incroyable, auprès de certains descendants de l'industriel Jean-Marie Perrusson, financier du projet de reconstruction.

Affiche officielle de l'Exposition Rétrospective de la Bastille

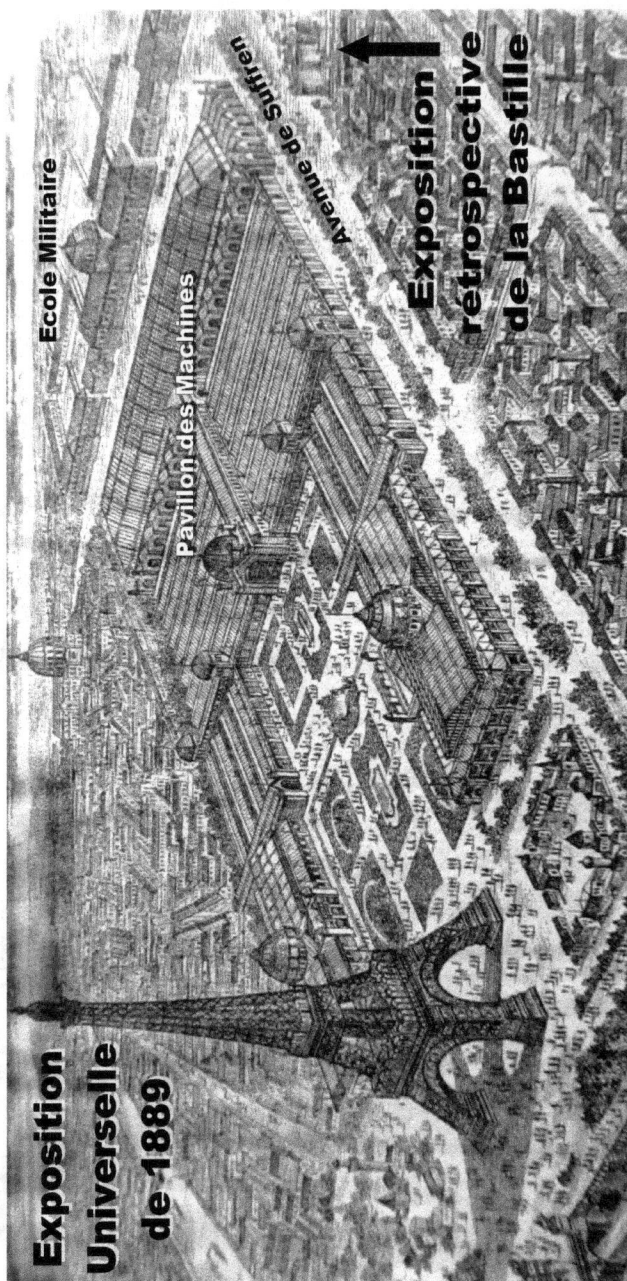

Exposition Universelle de 1889

Ecole Militaire

Pavillon des Machines

Avenue de Suffren

Exposition rétrospective de la Bastille

Photographie aérienne de l'Exposition Universelle de 1889, prise d'un ballon dirigeable par Alphonse Liebert.

Au-dessus de la Bastille reconstituée, on remarque un ballon captif qui faisait partie des animations de l'Exposition Rétrospective de la Bastille de Monsieur Perrusson.

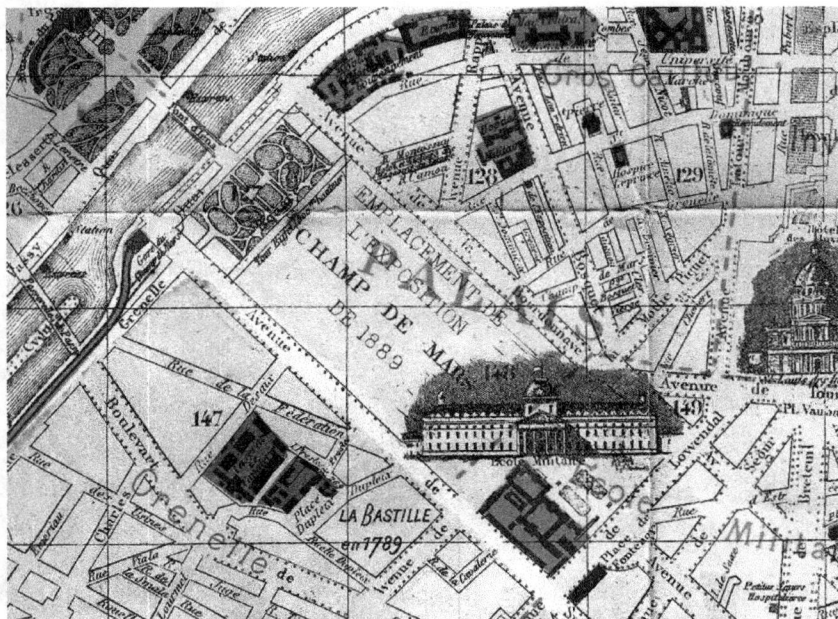

Localisation de l'Exposition Rétrospective Bastille 1889

Médaille officielle du centenaire de la Prise de la Bastille

Bien plus tard des représentants du Musée Carnavalet, et de la Bibliothèque Nationale viendront spécialement à Montchanin, chez Fernand Pigeat pour consulter tous les documents et les photographier ; ils seront ébahis d'apprendre que la Bastille avait bel et bien été réédifiée à Paris et visible pendant quelques années.

Ils furent impressionnés par la masse de documents en sa possession, traitant de ce sujet si étrangement tombé dans l'oubli.

Pourtant, contre toute attente, tous ces historiens repartirent sans chercher à racheter toutes ces précieuses archives.

Peut-être espéraient-ils tout simplement que Fernand Pigeat leur donne tout simplement ce trésor historique qu'il avait lui-même en partie restauré.

Eh oui, les musées de la Ville de Paris sont prêts à acheter des millions d'euros des peintures ou des sculptures d'un goût parfois discutable, mais ce patrimoine culturel traitant d'un fait historique oublié des français ne mérite à leurs yeux, pas un seul euro ! Cela laisse rêveur !

Certes il existe bien, perdus dans les caves de ces musées et de la Bibliothèque Nationale de France, quelques photos et des archives traitant de la reconstruction de la Bastille, mais c'est insignifiant au regard de ce que possède Fernand Pigeat.

Le temps passe…

Mais en 1960, Fernand Pigeat, entrepreneur très accaparé par son entreprise d'une trentaine d'ouvriers, n'avait pas vraiment de temps à consacrer à l'examen du contenu de ces caisses qu'il avait précieusement conservé ; certaines feuilles demandaient même à être un peu restaurés.

La tâche était tellement énorme que la simple vue de ces milliers de documents le décourageait. Bref, ce travail fut remis à plus tard, et des dizaines d'années passèrent.

Entre temps, notre homme pris de passion pour la Bastille réalisa quelques expositions dans sa région, à l'occasion du bi-centenaire de la Révolution Française.

Très habile de ses mains, Fernand construisit même une très grosse maquette en bois du monument.

Cette maquette de la Bastille (1 mètre de hauteur sur 2 mètres de longueur) fut réalisée en 1989, en moins de 4 mois par Fernand Pigeat. Elle est en sapin et contreplaqué collé.

Elle fut exposée au Creusot (Eco-Musée), à Paray-le-Monial, à Epinac, Ciry-le-Noble et enfin à Moroge où elle se trouvait encore fin 2012.

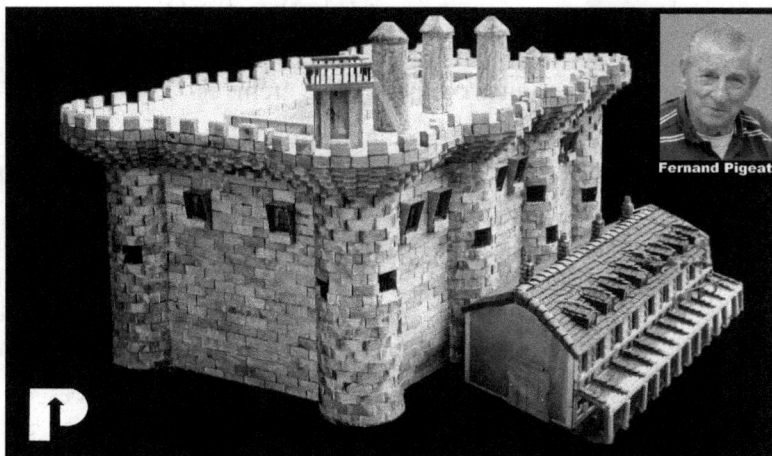

La grande maquette en bois de Fernand Pigeat

Fernand Pigeat essaya également en vain d'intéresser à sa découverte une certaine José Dayan une cinéaste renommée...

Ce n'est qu'en juin 2011 que j'ai eu connaissance de cette affaire incroyable qui m'a passionné.

J'ai absolument voulu voir « de mes yeux ! » ces archives relatives à la reconstruction de la Bastille.

Moi-même je n'avais encore jamais entendu parler de cette reconstruction. Aucun de mes amis parisiens non plus.

De nos jours, nous avons l'habitude d'être surinformé ; il semble que rien de vraiment important ne peut encore échapper à notre connaissance. On a donc beaucoup de mal à comprendre comment une telle information a pu passer inaperçue pendant autant de temps.

C'est inimaginable, mais aussi fascinant ! On se dit, que si cette information n'a jamais été révélée sur le plan national, alors combien d'autres restent ainsi dans l'oubli.

C'est alors que je me suis dit qu'il serait très intéressant et très gratifiant de rendre publique cette fabuleuse histoire miraculeusement encore inédite.

J'ai réussi facilement à joindre Fernand Pigeat, qui m'accueillit un mois plus tard, la veille du 14 juillet, avec toute la sympathie et la simplicité des habitants de Saône et Loire. Fernand Pigeat, encore très vif pour ses 85 printemps, me raconta avec passion et en détail sa merveilleuse aventure.

J'ai ressenti qu'il était très heureux d'avoir enfin face à lui, quelqu'un qui se passionne vraiment pour sa découverte.

Première rencontre avec Fernand Pigeat le 13 juillet 2011

Il commençait par se désespérer de voir tout cela de nouveau tomber dans l'oubli après sa disparition. Aussi accueilli t-il avec enthousiasme ma proposition de rédiger un livre sur ce sujet.

Avec l'aide de son fils Philippe, il me sélectionna de nombreux écrits qu'il jugea importants pour l'écriture de cet ouvrage.

Tout était parfaitement ciblé, comme s'il avait voulu écrire ce livre lui-même. Je peux même dire qu'il m'a mâché le travail !

Fernand Pigeat avec l'affiche originale de l'Exposition Rétrospective

Ainsi, en partant en vacances en Espagne je me trouvais avec tous ces textes et j'avais bien hâte de commencer la rédaction de ce livre.

N'y tenant plus, à l'Isle Jourdain, où je fis un détour spécialement pour aller voir le Carillon de la Bastille, je fis l'acquisition d'un ordinateur portable qui me permit de me mettre rapidement au travail et gagner un temps précieux.

La souris de ce P.C que j'achetai quelques jours plus tard en Espagne, avait un nom évocateur : Phoenix…du nom de l'oiseau qui renaît de ses cendres (comme la Bastille dans notre histoire…).

Quatre semaines plus tard, au retour d'Espagne, je repassai chez Fernand Pigeat à Montchanin pour faire de nouveau le plein d'informations.

Cette fois-ci, j'y restai plus de sept heures, et il m'amena sur les lieux de la découverte, à Ecuisses, et sur la tombe de Jean-Marie Perrusson.

Fernand Pigeat et Thierry Van de Leur devant l'entrée principale de l'Usine Perrusson, en août 2011

C'est en tombant par hasard sur internet, sur une carte de Paris éditée spécialement à l'occasion de l'Exposition Universelle de 1889 (Plan-bijou – Guide pratique dans Paris – Bertels & Florent Editeurs) que je pus enfin visualiser l'emplacement exact de cette reconstruction de la Bastille.

Oui, sur cette carte, comme on peut le voir sur l'agrandissement ci-dessous, la nouvelle Bastille est clairement indiquée et représentée comme tous les autres monuments de Paris !

Détail de la carte- souvenir de l'Exposition Universelle Paris 1889

Plan-bijou – Guide pratique dans Paris – Bertels & Florent Editeurs

PROPRIETE DES ARCHIVES

On peut se demander comment Fernand Pigeat a pu se retrouver miraculeusement propriétaire de documents aussi précieux, qui appartenaient à l'origine à l'industriel Jean-Marie Perrusson.

En voici l'explication :

En 1960, l'Entreprise Pigeat de Montchanin (Saône et Loire) vient d'acquérir l'Usine Perrusson et toutes ses dépendances, <u>ainsi que l'intégralité de tout ce qu'elle contient (meubles, machines, matériel et archives)</u>. L'Usine devait être rasée et certains locaux (bureaux, écuries, forge et menuiserie) entièrement vidés.

Bien entendu, les héritiers Perrusson ignoraient totalement l'existence de ces archives de la Bastille reconstruite. Malheureusement pour eux, par contrat, l'Entreprise Pigeat venait d'en devenir propriétaire. Mais dans le même temps et par bonheur, les preuves de l'œuvre de leur prestigieux ancêtre venaient d'être miraculeusement sauvées !

La maison de la famille Perrusson (qui faisait partie du lot) surnommée le "Château Perrusson" en raison de sa grande taille et de sa riche décoration extérieure, devait elle aussi être vidée pour être revendue plus tard.

C'est Monsieur Passard, un ferrailleur de Torcy qui en fit l'acquisition et l'habita quelque temps avant de le revendre à l'Eco-Musée du Creusot. En 2005, elle était encore habitée comme le montre une photo trouvée sur internet; mais en été 2011, lorsque je me suis rendu devant la grille d'entrée, guidé par Fernand Pigeat, la demeure cossue était abandonnée et présentait une allure de maison hantée ; le parc était en friche...

L'environnement même du "Château Perrusson" est dans un état lamentable ; tout tombe en ruine et semble attendre une manne financière qui ne semble pas vouloir se décider à réhabiliter totalement ce témoin d'une florissante épopée industrielle. Bientôt ce sera malheureusement irrécupérable!

LA PRISE DE LA BASTILLE

Bastille désigna spécialement celle qui fut construite à Paris, à l'extrémité de la rue Saint-Antoine, à l'entrée du faubourg, pour défendre ou contenir la ville. Commencée par le prévôt Aubriot en

1369, finie sous Charles VI en 1382, elle servit souvent de prison d'Etat et fut le théâtre d'évènements importants.

En 1383 elle prend le nom de Bastille. Elle fut entièrement financée par les bourgeois de Paris. Couverte de canons, elle avait l'aspect d'une véritable forteresse.

Elle se composait de huit tours rondes massives reliées entre- elles par de hautes murailles, qu'entourait un fossé profond et marécageux.

Les anglais s'y réfugièrent vainement, quand Paris tomba au pouvoir des troupes de Charles VII, le 3 avril 1436 ; Bussy-Leclerc y enferma les royalistes du Parlement en 1588 ; les Frondeurs s'en emparèrent de 1649 à 1651 ; et, au combat du faubourg Saint-Antoine, le canon de la Bastille tiré par les ordres de Mademoiselle sur les soldats de Turenne, sauva Condé vaincu.

Cette Bastille servit même de coffre fort pour mettre en lieu sûr le trésor du roi. Celui-ci était entreposé dans la Tour du Trésor.

Beaucoup d'hommes célèbres y furent enfermés ; aussi la Bastille était pour le peuple le signe visible du pouvoir absolu et arbitraire.

L'insurrection a débuté aux Invalides !

Au matin du mardi 14 juillet 1789, Le ciel est couvert, un vent d'ouest assez fort souffle, et il ne fait pas très chaud : environ 22 degrés vers midi. Le peuple de Paris se rend à l'hôtel des Invalides pour s'emparer de 28.000 fusils et 20 canons. Mais il lui manque de la poudre...

Les émeutiers rugissent alors « *À la Bastille !* » où la rumeur prétend que de la poudre y est entreposée.

De plus, le peuple a une revanche à prendre sur la vieille forteresse médiévale symbolisant l'arbitraire royal. Mais il avait peu de fusils et n'était armé que de piques, sabres et broches de cuisine !

 La masse populaire devint plus agressive au fur et à mesure que de nouveaux arrivants mieux armés arrivaient et remplissaient la rue Saint-Antoine.

Vers 5 heures du soir, cette vieille forteresse tombait entre les mains du Peuple.

Les Vainqueurs de la Bastille

En 1790, une liste officielle, plus ou moins fiable des attaquants de la Bastille, établie sans aucune méthode, fut dressée. Elle comprend 954 noms (les morts n'y figurent pas), pour la plupart des hommes de condition sociale modeste. On trouve fort peu de bourgeois parmi eux…

Contestée dès sa publication cette liste délivre la qualité de Vainqueur de la Bastille à des hommes qui furent peut-être des spectateurs, mais non des acteurs. On a revu ce même scénario à la Libération en 1945, avec les résistants et les collaborateurs…

On note ainsi la présence d'environ 400 habitants du district des Enfants-Trouvés et du faubourg Saint-Antoine. Environ 660 noms sont accompagnés de la profession du Vainqueur.

 Ainsi, nous trouvons 51 menuisiers, 45 ébénistes, 28 cordonniers, 28 porteurs, commissionnaires, etc…, 27 sculpteurs, 23 gaziers (ouvriers en gaze et mousseline), 14 marchands de vin, 5 horlogers, quelques mariniers et débardeurs, et … deux ou trois abbés, des avocats, 4 ou 5 bourgeois, et 2 ou 3 hommes de lettres obscurs.

 Il est intéressant d'observer qu'une quinzaine d'étrangers, la plupart des Allemands, ébénistes du faubourg Saint-Antoine, prirent part au siège.

En voyant arriver les émeutiers, le gouverneur De Launay leur fit transmettre ce mot « Nous avons vingt milliers de poudre ; nous ferons sauter le quartier et la garnison, si vous n'acceptez pas la capitulation. De la Bastille, à cinq heures du soir, 14 juillet 1789 - Launay. » Peu de temps plus tard, sans consulter son Etat-major, il fit donner par un tambour le signal de la reddition.

Une heure plus tard, sa tête se promenait au bout d'un pic…

La prise de la Bastille aurait coûté la vie à environ une vingtaine d'assiégeants. Certains avancent le nombre de 40, mais il n'existe aucune liste officielle des tués.

Quant aux blessés, une liste indique 26 estropiés, dont une femme, qui reçurent des pensions, et 22 autres blessés. Il est à noter que, dans le désordre de leur attaque, certains assaillants se tirèrent dessus les uns les autres !

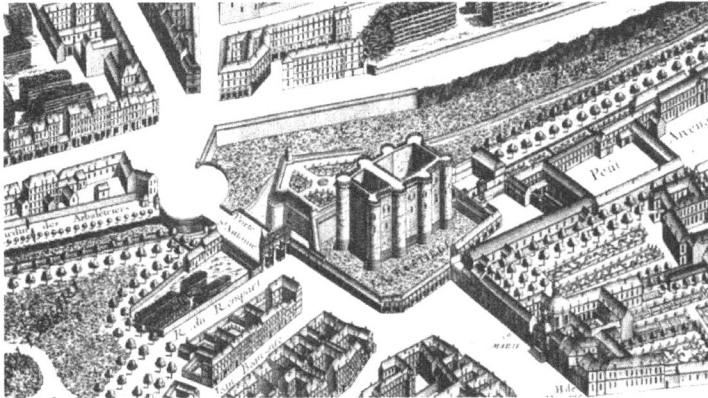

A Versailles, le roi Louis XVI ne changea rien à ses occupations habituelles et son journal, à la date du mardi 14, ne porte qu'un seul mot : « Rien »

On ignore d'ailleurs à quelle heure il apprit la reddition de la Bastille. (Source : Jean Mistler)

La prise de la Bastille joua un très grand rôle dans notre histoire nationale et il est aisé de comprendre le puissant intérêt qui s'attachait en 1889, à la restauration de cette vieille forteresse, devenue un objet de haine et de terreur.

LATUDE

Henri Masers de Latude (1725-1805), reste désormais populaire dans la mémoire des français grâce à ses multiples évasions qui toutes échouèrent.

Son nom est attaché à l'histoire de la Batille ; il est synonyme d'évasion ; on pourrait même le qualifier de Saint-patron laïque des fugitifs.

Né à Montagnac, en Languedoc (1725-1805), il est le fils naturel d'un chevalier de Saint-Louis. Il reçut une éducation militaire en France et en Hollande.

En 1748, il vint à Paris et, pour faire fortune, donna avis à Mme de Pompadour d'un prétendu complot formé contre elle. Elle le fit enfermer à la Bastille en 1749.

Il s'échappa en 1750, mais se remit entre les mains du roi, qui le fit reconduire à la Bastille. Il fut retenu pendant dix-huit mois dans un cachot. Plusieurs fois il parvint encore à s'échapper, mais fut toujours repris.

La mort de Mme de Pompadour ne finit pas les misères de Latude ; par un enchaînement fatal de circonstances, il resta prisonnier dans de nombreux endroits : à la Bastille, à Vincennes, à Charenton, à Bicêtre...

On le fit même passer pour fou.

Enfin, il obtint sa libération en 1784. On lui attribua dix-milles francs de dommages et intérêts, puis il tomba dans l'oubli.

Dans l'oubli, pas vraiment, car nous verrons que ses exploits seront rejoués un siècle plus tard presque tous les jours à Paris pendant plus de 4 ans par un cascadeur, dans le cadre d'une représentation appelée « l'évasion de Latude » !

RECONSTRUIRE LA BASTILLE ?

DÉMOLITION DE LA BASTILLE

le Vendredi 17 Juillet 1789, jour à jamais mémorable par l'Auguste confiance de Louis XVI envers sa bonne Ville de Paris. M᷄ les Deputés de la Noblesse du nombre desquelles était M᷄ le M᷄ de Lusignan se transportèrent sur les plattes formes de la Bastille dont on avoit démoli les Crenaux des Tours, ainsi que les petites Cahutes. Ces généreux Citoyens soulevèrent eux mêmes plusieurs pierres et secondés par les ouvriers ils les jetterent dans les Decombres, en invitant le peuple Français à continuer la Demolition de cette horrible prison qui fut commencé sous Charles V en 1369, achevé en 1383. pris le 14 Juillet 1789, et Demoli aussitot après sa prise.

A Paris chez Desy Graveur rue des Noyers près celle S᷄ Jacques N᷄ 34.

Le souvenir de la Bastille hanta pendant longtemps l'esprit des Parisiens. Outre le caractère symbolique de sa démolition en 1789, la forteresse de par sa seule masse, offrait une part de rêve dont surent habilement profiter des romanciers d'aventure et des auteurs dramatiques.

Deux faits, cependant, firent renaître, vers 1880, ce goût pour le monument de la rue Saint-Antoine.

La Bibliothèque historique de la Ville qui s'était accrue depuis 1881 du fonds portant sur la Révolution donnée par Alfred de Liesville, exposait des vestiges et des souvenirs de la Bastille, dans l'Hôtel de Carnavalet, qui attiraient un nombreux public.

Par ailleurs, le temps approchait du premier centenaire de la Révolution française, et historiens et hommes de l'art se penchaient déjà sur les fêtes de commémoration.

Mais fallait-il, à l'ombre du souvenir, dresser un ex-voto à la royale résidence, expirant par intermittence ces remords et ses lourds secrets ? Certainement pas !

Car sans être patriotes de cœur et d'âme, tout français qui se respecte doit savoir et reconnaître que la liberté qui a été offerte au peuple de France, par la réflexion et la justice.

Et plus encore, par le sang et les sacrifices volontaires de nos ancêtres est une enquête qui n'a pas de prix, puisque Dieu l'a donnée aux hommes.

La Bastille de 1789 et la Bastille de 1889 – Journal Le Temps – 18 septembre 1887

L'idée de reconstruire la Bastille et ses abords n'est rien moins qu'une idée neuve. Dés 1790, un an à peine après la prise de ce « monument de la tyrannie, de ce gouffre du despotisme », comme on disait alors, une femme du peuple, dont l'histoire n'a pas conservé le nom, présentait à la municipalité de Paris une pétition couverte d'un grand nombre de signatures que le temps a malheureusement rendues invisibles.

Il est absolument nécessaire, y disait-on, de reproduire, sur un emplacement quelconque de la Capitale, la forteresse que l'on est en train de démolir ; sa vue constante rappellera au peuple les efforts qu'il a fait pour conquérir la liberté et le tiendra en haleine contre les tyrans…

Les édiles du temps avaient d'autres préoccupations en tête ; la pétition fut mise provisoirement de côté, et l'on peut aujourd'hui la lire dans les archives municipales.

Ce n'est pas le moins curieux qu'elles contiennent. L'idée était lancée néanmoins. Elle fit son chemin ; on la discuta par la suite, à intervalles plus ou moins rapprochés.

Dernièrement encore, le gouvernement l'a pris à son compte. C'était au moment où, dans les chambres et dans la presse, on étudiait les divers projets concernant notre prochaine Exposition Universelle.

L'un d'eux, qui fut d'abord adopté, puis abandonné à cause de la trop grande étendue de terrain nécessaire à son exécution, avait trait précisément à la reproduction fidèle de la Bastille et du coin attenant de la rue Saint-Antoine.

On a pu en voir la curieuse maquette à l'exposition des Arts Décoratifs de 1686.

Or, donc assiégée et détruite par le peuple en 1789-90. Cent ans après, 1889 devenait euphorique qui valait bien un rappel du passé.

Eh oui ! L'idée trottait dans l'air : reconstruire la rue Saint-Antoine assombrie par l'énorme silhouette de l'inoubliable forteresse royale qui sous ses lois arrangea plus d'un Valois ; c'était bien la gageure que s'était faite le Comité National de la grande Exposition Universelle dont la mise en chantier battait son plein.

Enfin, argumentant qu'après un siècle, les passions étaient bien apaisées, et que dans cet état d'esprit, les fils et petits fils des vaillant *sans culottes* ne semblaient pas être ennemis ne savoir à quoi pouvait bien ressembler la fameuse Bastille des *Pardorillons*, du Masque de Fer, de Latude et du pittoresque Marquis de Sade, il n'y avait pas lieu de repousser l'idée d'une éventuelle reconstruction.

LE PROJET DE RECONSTRUCTION –
LE CHOIX DU SITE - (Décembre 1886 - Janvier 1887)

Le centenaire de 1789 appelant tout naturellement la restauration de la célèbre prison d'Etat.

Aussi les projets de surgir, dés qu'il fut question de la prochaine Exposition Universelle.

C'est alors qu'un certain M.Colibert, architecte de talent, ancien élève de Viollet-le-Duc, imagina de reconstituer dans son ensemble, grandeur nature, la partie de la rue Saint-Antoine voisine de la Bastille et la forteresse elle-même.

Il désirait incorporer ce projet à l'Exposition Universelle de 1889. M.Colibert grand amateur des temps passés était un ancien consul d'Angleterre en Espagne.

On avait d'abord cherché le moyen de réédifier la Bastille, sinon à la même place où elle était, au moins tous près de la place classique. C'était possible en recouvrant le Canal Saint-Martin. Mais ce voisinage avait son danger.

L'évocation perdrait son caractère historique pour en revêtir un autre purement politique. On essaya également de placer la Bastille dans l'Exposition elle-même ; Il parait que la chose n'était point pratique.

Malheureusement, le grand projet de Colibert s'avérait très difficile à réaliser aux vues des sommes très importantes qu'il demandait pour sa réalisation.

En effet plus de 10 millions de franc-or étaient nécessaires pour mener à bien l'opération. M.Colibert était à deux doigts de renoncer à son grand rêve de résurrection de la Bastille…

C'est alors qu'un certain Monsieur Jean-Marie Perrusson, riche industriel, grand fabricant de terres cuites du département de Saône-et-Loire et amateur éclairé de questions historiques et artistiques, proposa à M.Colibert de reconstruire à son compte, la rue Saint-Antoine et la Bastille si on lui en donnait les moyens et l'autorisation.

Cette proposition tombait donc à pic, car devant les finances trop importantes engagées pour l'ensemble de l'Exposition, le gouvernement français, qui avait envisagé de faire concorder le Centenaire de la Révolution de 1789, semblait vouloir y renoncer.

Aussi, l'offre de M. Perrusson était de si grande importance qu'on ne pouvait la laisser passer.

Car, c'était bien d'une prospective du passé impérissable de la Révolution Française que l'on attendait de M.Perusson et de son collaborateur M.Colibert, architecte de féérie qui allaient en devenir les Maîtres d'œuvre à leurs risques et périls. En vérité, cela paraissait impensable !

Et si ce n'eut été le sérieux et la solide réputation de M. Perrusson, propriétaire d'usines et de fabriques (fondées en 1860) à Sancoins (Cher), Saint-Léger-sur-Dheune et Saint-Julien, Ecuisses (en Bourgogne, près du Creusot) et que l'on pouvait contacter facilement à son domicile de la rue de La Motte-Picquet à Paris, l'offre eut paru farfelue.

La Commission de l'Exposition Universelle étudia donc la faisabilité de l'ambitieux projet de l'Architecte Colibert et de son nouveau collaborateur Perrusson…

En conséquence, sur convocation officielle de la Commission de l'Exposition Universelle de 1889, en date du 5 juillet 1886 :

-   *« M.Perrusson est prié d'assister à la réunion privée qui aura lieu le mercredi le 7 juillet prochain à 8 heures ½ du soir, Salle Européenne, 20 Avenue* Lowendal

-   Le Président H.Bonnel, Le secrétaire :M.Masson.

Ordre du jour :

1 – La construction de l'ancienne rue Saint-Antoine et de la Bastille dans le XVème arrondissement.

2 – Etablissement du Musée de la Révolution dans la Forteresse de la Bastille.

Le projet fut enfin accepté ! M.M Colibert et Perrusson après mille tentatives, mille recherches, résolurent de faire de la reconstitution rêvée une entreprise absolument isolée, toute privée, indépendante et du gouvernement et de la politique.

Ils ont eu le bonheur de trouver sur la lisière du Champ de Mars un vaste terrain propice, c'est-à-dire non bâti et relativement plat, comme l'était le bout de la rue Saint-Antoine, à l'angle des avenues de Suffren et de la Motte-Picquet ; M.M Colibert et Perrusson l'ont loué pour trois ans.

Cet espace présentait, en outre, l'avantage d'être situé tout à côté de l'entrée de la future Exposition Universelle de 1889. Le terrain mesurait environ un hectare de superficie.

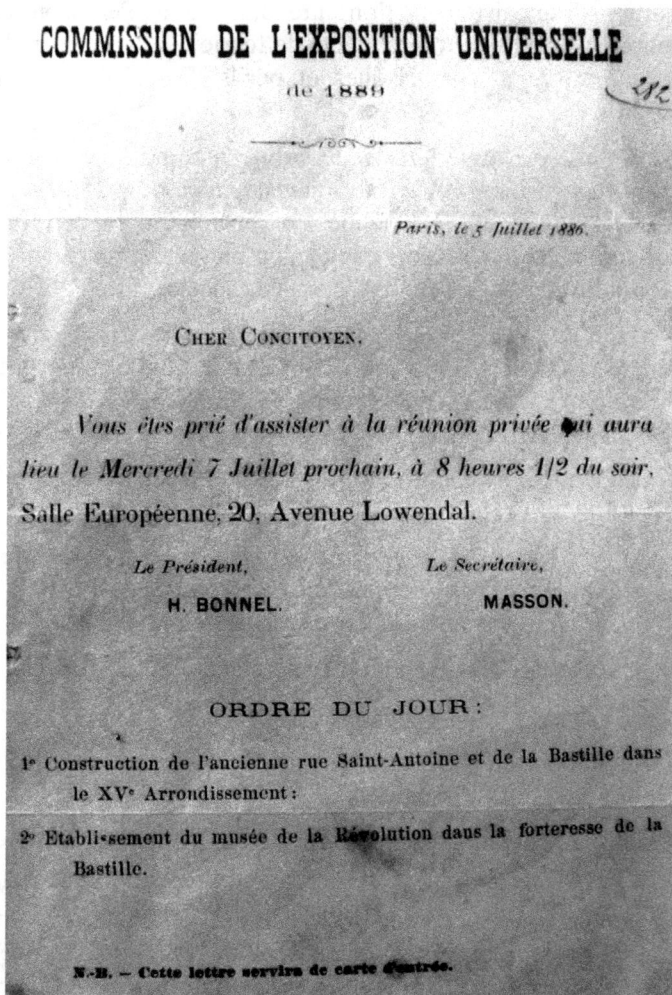

COMMISSION DE L'EXPOSITION UNIVERSELLE
de 1889

Paris, le 5 Juillet 1886.

CHER CONCITOYEN,

Vous êtes prié d'assister à la réunion privée qui aura lieu le Mercredi 7 Juillet prochain, à 8 heures 1/2 du soir, Salle Européenne, 20, Avenue Lowendal.

Le Président,   Le Secrétaire,
H. BONNEL.   **MASSON.**

ORDRE DU JOUR :

1° Construction de l'ancienne rue Saint-Antoine et de la Bastille dans le XV° Arrondissement ;

2° Etablissement du musée de la Révolution dans la forteresse de la Bastille.

N.-B. — Cette lettre servira de carte d'entrée.

Ce document original daté du 5 juillet 1886 est le véritable bulletin de naissance de la Nouvelle Bastille. C'est à l'issu de cette réunion que fut prise la décision de reconstruire la Bastille.

C'est là qu'ils ont reconstitué en sept mois tout le quartier de la Bastille, tel qu'il était en 1789, et reconstitué, non en toile peinte, comme on pourrait le croire, mais en vraie charpente, en vraie maçonnerie avec de vrais reliefs.

Ce projet coûteux d'un budget colossal d'environ 12 millions de francs de l'époque, plus cher que la Tour Eiffel (7,8 millions de francs) a été entièrement financé par l'industriel Jean-Marie Perrusson.

15 JANVIER 1887 – SIGNATURE DU BAIL

En date du 15 janvier 1887, Monsieur Perrusson signa chez Maître Massion, Notaire à Paris (n°58, Boulevard Haussmann), un bail de 3 années consécutives avec les héritiers Accary, propriétaires du terrain. Ce bail débutait à compter du 1er avril 1887.

Le loyer annuel pour ce terrain de 9400 mètres carrés était de 40.000 francs, payables en 4 fois.

Le 1er avril 1890, l'Exposition Rétrospective de la Bastille connaissant un franc succès, le bail fut prorogé jusqu'au 1er avril 1893. Entre temps, le terrain était passé aux mains de trois nouveaux propriétaires : Marcq, Dauchez et Gibert.

Mais la Bastille reconstruite n'attendra pas la fin du bail. Elle fermera définitivement son pont levis et ses faux cachots en septembre 1891, après 4 ans et 4 mois de bons et loyaux services.

Comme son modèle de 1789, elle fut détruite et tomba dans l'oubli le plus complet...et le plus incompréhensible.

10 FEVRIER 1887

DEMANDE D'AUTORISATION ADRESSEE A MONSIEUR LE PREFET DE LA SEINE

Nous avons l'honneur de solliciter de vous l'autorisation de construire sur un terrain en bordure Avenue de La Motte-Piquet, 54 & Avenue de Suffren, 80 bis, des constructions provisoires destinées en vue de l'Exposition Universelle à reconstituer la rue Saint-Antoine et la Bastille telles qu'elles existaient avant le 14 juillet 1789.

Nous sollicitons également de vous le branchement aux conduites d'égouts et eaux suivant le règlement de la Ville de Paris.

Les constructions sont destinées à être démolies après la fermeture de l'Exposition Universelle de 1889.

Veuillez agréer... Signé par Perrusson Père et Fils – 86, Avenue de

Suffren (Agence des travaux).

Colibert et Perrusson puisèrent leurs sources dans l'iconographie relativement importante concernant la Bastille, et dans le plan dit *de Turgot*. On devait retrouver le quartier dans un esprit à la fois médiéval et fin du XVIIIe siècle.

C'est ce qui explique la présence de bâtiments soigneusement reconstitués, voisins de maisons stylisées de façon assez fantaisiste.

Les travaux, commencés le **1er avril 1887**, furent menés rondement puisque tout fut terminé en moins d'un an.

La Bastille seule fut construite en 7 mois ! L'ensemble était essentiellement monté sur une charpente de bois, mais le fer et la pierre furent aussi largement utilisés.

Début des travaux de l'Exposition rétrospective

Outre la Bastille, les entrepreneurs reconstituèrent trois autres monuments : la chapelle du couvent de la Visitation Sainte-Marie (aujourd'hui Temple Protestant), l'hôtel de Mayenne (école des Franc-bourgeois), aujourd'hui Hôtel d'Ormesson, et enfin la Porte de la Conférence.

Sur ce dernier point, il y avait injure à la topographie historique, puisque cette porte se trouvait jusqu'au XVIIIe siècle sur le quai, non loin du Louvre.

Mais l'architecte, forcé d'en clore sa promenade, avait jugé que l'architecture de cette porte s'harmonisait avec l'ensemble et qu'elle ferait meilleur effet qu'une simple palissade.

En ce qui concerne l'hôtel de Mayenne, quoique manquant un tantinet de relief, sa façade avait été soigneusement restituée dans l'esprit de Jean Androuet du Cerceau.

On pouvait en dire autant du portail de la chapelle de la Visitation.

Le portique, la lucarne et l'archivolte reprenaient l'ensemble du dessin de François Mansart. Faute de terrain, cependant, on avait dû quelque peu sacrifier la profondeur et la coupole « collée » presque directement à la façade.

Des boutiques d'artisan, des cafés rappelant les anciennes tavernes, un pavage avec double caniveau en creux, des lanternes à l'huile donnaient une ambiance à la fois amusante et factice.

A l'intérieur de la Bastille, précédée d'une rangée de toutes petites maisons, on n'avait pas hésité à sacrifier au goût du temps en installant d'obscurs cachots remplis de boulets et de chaînes, des instruments de torture jusqu'à un prisonnier de chair et d'os qui tenait, l'œil larmoyant, son rôle, avec une résignation plus vraie que nature.

Bien en tenue, le public y trouva son compte d'émotions diverses et d'émerveillement.

Article de Lucien Valette

LE VOLTAIRE, journal Républicain, Littéraire et Mondain

(6, Boulevard des Italiens) : **5 août 1887**

Le successeur de M. Lockroy au Ministère du Commerce ne sembla pas vouloir être moins actif que son prédécesseur. Il s'occupa très activement de l'Exposition de 1889 et s'attacha à continuer les traditions de travail et d'activité créées par M. Lockroy.

Chaque jour nous apprenons que de nouvelles résolutions sont prises tendant à multiplier les attractions de la future exposition.

Hier encore, M. Dautresme s'est rendu avenue de Suffren, où il a examiné certains travaux dont nous avons touché quelques mots lorsqu'ils n'étaient encore qu'à l'état de projet.

Aujourd'hui l'exécution en est commencée et les travaux avancent rapidement, il s'agit de la reconstruction de la Bastille.

Avant de choisir l'emplacement sur lequel devait être bâtie la Bastille, on discuta longtemps. Lorsque l'Exposition projetée devait, en projet, englober l'esplanade des Invalides et une partie des Champs-Elysées, le monument devait servir à réunir ces deux points.

Et l'on s'était alors décidé à placer à son entrée, la Porte de la Conférence, qui formait à cette époque le quai de ce nom, précédant le Cours-la-Reine.

La Porte de la Conférence fut ainsi nommée à cause de la première des conférences qui se tinrent à Suresnes entre les députés du Roi et ceux de la Ligue, le 19 avril 1593.

Cette porte était située sur la rive droite de la Seine attenant les Tuileries, et fut démolie en 1730.

La placer près de la Bastille de 1789 était donc un peu…anachronique, mais d'un esthétisme certain.

Puis ce vaste projet d'exposition ayant été abandonné, on songea alors à établir la Bastille, soit boulevard Richard-Lenoir, soit rue St-Antoine, soit place de la Bastille.

Ces emplacements furent successivement abandonnés et l'on s'arrêta à un autre projet qui consistait à installer le monument près du Champ-de-Mars, avenue de Suffren.

C'est là que s'est rendu hier le Ministre du Commerce pour se rendre compte de l'état des travaux.

Ceux-ci ne sont pas encore bien avancés, mais ils permettent déjà, en s'aidant des plans de la maquette de se rendre compte de ce que sera cette vaste construction.

Il ne s'agit pas seulement, en effet, de reconstruire l'ancienne citadelle, mais de faire revivre un coin entier de Paris. Avec la Bastille on ressuscitera tout un bout de la rue Saint-Antoine.

Cette rue sera prise, comme distance, à la hauteur de la rue actuelle du Petit-Musc.

C'est là que l'on placera une porte, fermant cette rue, afin qu'on ait une vue d'ensemble, seulement en entrant.

Ceux qui viendront de loin ne pourront voir la rue et embrasseront d'un coup tout l'ensemble, sans que l'œil s'arrête aux détails.

Dès qu'on aura franchi cette porte, on se trouvera dans la rue Saint-Antoine telle qu'elle était alors.

Maison par maison, on reconstituera la rue avec les auvents des boutiques, les clochetons, les formes de fenêtres et de portes, les barreaux, les grilles, bref, tout ce qui composait l'originalité d'une habitation à la fin du dix-huitième siècle.

Mais ces maisons ne pouvaient rester ainsi, froides dans leur alignement, mortes.

Il est donc à peu près décidé aujourd'hui que chaque maison servira à une exposition particulière des corps de métier de l'époque.

Chaque profession sera représentée par des objets « du temps » et des ouvriers travailleront comme on travaillait alors. Et il est question d'installer à l'entrée de la rue un bureau de poste fonctionnant comme en 1789.

Autrefois, il existait au coin de la rue Castex, et il existe encore, une église qui est devenue temple protestant.

Pendant la Révolution, les églises étant désaffectées, on donna dans ce bâtiment des concerts et on joua la comédie.

Dans l'église rebâtie, on projette d'installer une salle de spectacle, dans laquelle on jouera la musique et montrera les spectacles de l'époque.

Après cette église reprendront les expositions particulières et l'on arrivera à l'entrée de la Bastille.

CHAMP DE MARS

Exposition Rétrospective

LA BASTILLE

ET LA

Rue Saint-Antoine

en 1789

80 bis, Avenue de Suffren et Avenue de la Motte-Piquet, 54 bis

L'entrée de la prison ne se trouvait pas, on le sait, en face de la rue Saint-Antoine.

Pendant que la rue tournait à gauche pour passer sous la porte Saint-Antoine et se continuait vers le faubourg, on tournait à droite, on passait sous la porte de l'Arsenal, on suivait le chemin de ronde qui menait au pont levis qui se trouvait en face du boulevard Henri IV d'aujourd'hui.

On reconstruira les deux portes que je viens de citer, qui encadreront l'énorme masse de la Bastille entourée des fossés qu'elle possédait.

Un moment il avait été aussi question de reconstruire les baraquements qui se trouvaient en bordure du fossé. Ces baraquements avaient été construits par Anne d'Autriche sur sa cassette particulière. Ils étaient destinés aux invalides de la guerre de Trente ans.

Mais comme il est fort douteux qu'ils existassent encore au moment de la prise de la Bastille et que, d'ailleurs, ils n'ajoutent rien à la beauté et au pittoresque de cette reconstitution, on y a renoncé.

Telle sera cette œuvre éminemment artistique. Nous reverrons telle qu'elle était en 1789 la vieille Bastille, privée seulement de son bastion fortifié auquel il a fallu renoncer, faute de place, et d'un intérêt d'ailleurs fort médiocre.

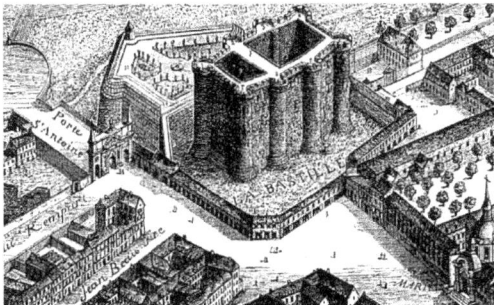

Quant à la façon dont seront construites ces maisons, il est bien certain que l'on n'emploiera pas la pierre.

On établira d'immenses charpentes dont les trous seront bouchés avec du plâtre et des briques, recouverts de toile peinte.

Ce projet fait, d'ailleurs, le plus grand honneur à M. Colibert, qui en est l'architecte promoteur et qui a été vivement félicité hier par le Ministre du commerce.

M.Lockroy, lorsque nous parlâmes pour la première fois de ce projet, il y a un an, en était enthousiasmé.

On ne peut que féliciter M.Dautresme de ne pas avoir abandonné cette œuvre dont l'intérêt archéologique est évident pour tous.

QUI ETAIT MONSIEUR PERRUSSON ?

Jean-Marie Perrusson est né le 28 mars 1833 à Saint-Julien-sur-Dheune (Saône et Loire) ; il est décédé à Ecuisses le 22 août 1900.

Il repose désormais au cimetière d'Ecuisses.

De son tombeau, qui domine le cimetière, on a une vue imprenable sur Ecuisses et ses 7 écluses (actuelles), mais aussi sur les vestiges de l'entreprise Perrusson, là où il vécut avec sa famille, entouré de ses chevaux et de ses bateaux.

Jean-Marie Perrusson (debout), et sa famille

Jean-Marie Perrusson (à gauche), et sa famille

Le 12 août 2011, je me suis rendu avec Fernand Pigeat au cimetière d'Ecuisses.

La porte métallique du tombeau Perrusson n'était pas fermée à clef, et j'ai pu voir l'intérieur.

Vue d'Ecuisses depuis le tombeau

Le tombeau Perrusson au cimetière d'Ecuisses

Sous un petit vitrail aux couleurs vives, un petit autel abandonné, souillé par les oiseaux sur lequel on a déposé un crucifix.

De part et d'autre, des plaques noires sur lesquelles sont gravés les noms de Jean-Marie Perrusson et de son épouse.

Celle de Jean-Marie est surmontée d'un grand médaillon en terre cuite (celle qui a fait sa fortune !), qui le représente vu de profil, en bas relief.

Lui faisant face, un médaillon de grandeur identique également en terre cuite, mais par contre, au centre de celui-ci figure une grande lettre grecque représentant l'Oméga, la dernière lettre de l'alphabet grec.

Que penser de cet étrange message ? Est-ce un message Franc-maçon ?

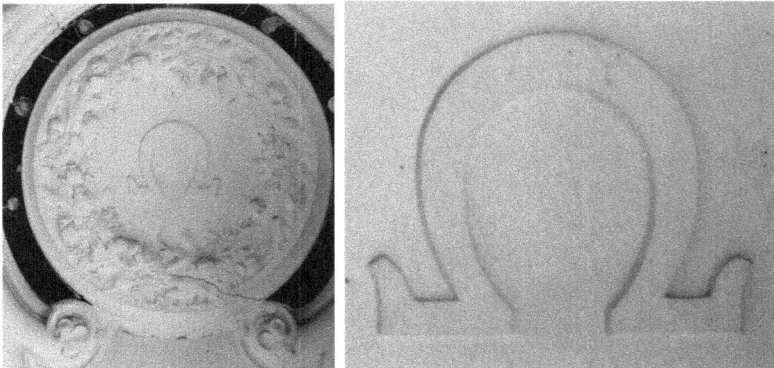

Dans la franc-maçonnerie, l'Alpha et de l'Oméga sont souvent évoqués. L'Alpha (première lettre de l'alphabet grec) représente aussi la naissance du Christ, et l'Oméga, sa mort (dernière lettre).

Cette forme de l'Oméga représente également une certaine forme de tuile ronde. Cette figure représenterait ainsi un résumé de la vie de Jean-Marie Perrusson entièrement consacrée à la production de tuiles...

Plaque d'entrée (en terre cuite) de la Tuilerie Perrusson d'Ecuisses

Jean-Marie Perrusson annonça de bonne heure les plus heureuses aptitudes à la carrière industrielle et pendant 10 ans il étudia avec passion les applications de l'art céramique.

En **1860**, il fonda à Ecuisses une importante usine pour la fabrication des tuiles et briques réfractaires spécialement employés dans la construction.

- **1862** : Développement d'une activité de tuilerie.

Tuilerie d'Ecuisses – 9ème écluse, en activité

Très rapidement il obtint de tels succès qu'il dut créer de nouvelles usines, qui devinrent succursales de la première ; l'une à Saint-Julien-sur-Dheune (son lieu de naissance) et à Sancoins dans le Cher.

- 1866 : on peut lire sur l'enseigne de l'entreprise : Perrusson, voiturage par eau, briqueterie réfractaire et tuilerie mécanique.

En l'espace de quatre années les Perrusson sont passés du stade de «monsieur, madame tout le monde à celui de notable».

- 1875 : la famille se lance dans la céramique-carreaux.

- 1878 : fabrication de carreaux de terres .Dans la même année la famille décide de construire une usine à Fontafie (Charentes).

Toit décoré par l'entreprise Perrusson - Carreaux céramique Perrusson

Fin 19ème et début 20ème, la céramique architecturale fit son apparition et évidemment la famille était présente, et fit la fortune de Jean-Marie Perrusson.

C'est à cette époque qu'il se paya cette petite fantaisie que fut la reconstruction de la Bastille.

L'usine d'Ecuisses et celle de Fontafie furent les seules à fabriquer des carreaux en grès céramique incrusté. Ces deux usines vécurent un siècle.

En 1960, la liquidation de l'usine d'Ecuisses fut prononcée, mais le nom Perrusson fit parti du paysage industriel jusqu'en 1987.

LE PAVILLON PERRUSSON ET DESFONTAINES

A l'occasion de l'Exposition Universelle de 1889, afin d'exposer son savoir-faire dans le domaine de la terre cuite, Jean-Marie Perrusson avec son associé Marius Desfontaines fit bâtir par un architecte de Bourg-en-Bresse, Antoine (dit Tony) Ferret, au pied de la Tour Eiffel, coté de l'Avenue de la Bourbonnais, près du lac, un luxueux et élégant pavillon de style renaissance.

En terre cuite à deux tons, exclusivement construit avec les matériaux des usines Perrusson, avec applications et revêtement en carreaux mosaïque polychromes et émaillés, ce pavillon mesurait 18 mètres de hauteur, pour une largeur de 18,50 m.

En tout, avec les perrons et les bassins, une superficie de 320 m2 fut consacrée.

Bien que de proportions très modeste, il coûta la bagatelle de 55.000 francs, une somme considérable qui s'explique par les frais de création de modèles et de moules spéciaux.

Sur les deux faces principales, des cariatides représentent la Terre, le Travail, l'industrie et le commerce.

Le motif central, en forme de lucarne, porte au centre, la marque de fabrique de la maison et la corniche en est soutenue par des enfants ornés de guirlandes de fruits.

Au dessus du dôme principal, s'élève un campanile soutenu par 12 colonnes. Le tout se termine par un four à cuire la poterie dont la flamme sort.

Ce magnifique spécimen a été réalisé en un mois par un très nombreux personnel. Il donna aux visiteurs du Champs de Mars une idée des puissantes ressources et des moyens d'action de la vaste entreprise dirigée par M.Perrusson, et du caractère essentiellement artistique de leurs productions, modernes ou archaïque. Ce kiosque vaudra une médaille d'or à l'entreprise.

M.Perrusson était donc tout désigné pour entreprendre cette magnifique exposition rétrospective de la Bastille, l'aménagement de ce coin du vieux Paris d'où se dégage un parfum antique qui fait le plus grand honneur à l'érudition historique. *(Source : E.Simon - Encyclopédie contemporaine).*

PROBLEMES DE CHANTIER (1887)

La construction proprement dite de la Bastille commença fin avril 1887, avec la livraison d'un bateau de chaux à Boulogne-sur-Seine, provenant de la fabrique de plâtre à bâtir de Saint-Léger-sur-d'Heune (Saône et Loire).

C'est une entreprise de Passy, E.Deny, paysagiste au 30, rue Spontini, qui fut chargé de planter les arbres de la Reconstruction de la Bastille. Chaque arbre revenait à 120 francs. La facture s'éleva à 1.600 francs.

Détail de la plantation : un marronnier de 18 mètres, 3 peupliers Suisse de 18 mètres, 1 platane, 2 peupliers d'Italie, un petit marronnier.

Pour la Brasserie de la rue Saint-Antoine : 2 érables, 1 platane, 1 tilleul, 2 arbres non définis.

Lettre de Monsieur Colibert à Monsieur Perrusson, posant ses conditions quant à la reconstruction de la Bastille.

Paris le 17 mai 1887 (17 jours après le démarrage du chantier)

Monsieur Perrusson,

La première période de vos travaux de fondation se termine et, avant d'aller plus loin, je tiens à constater que mes fonctions d'architecte en chef ont étés entravés par vos agissements et qu'il ne me sera possible de mener mon œuvre à bonne fin que si vous accomplissez strictement vos obligations stipulées par notre contrat. – Vous avez rédigé vous-même vos cahiers de charge sans me consulter, lorsque de la nature des matériaux et de leur mode d'emploi dépendent la bonne ou mauvaise reproduction archéologique, pouvant affecter aussi bien ma réputation d'architecte que mes intérêts dans le rendement de l'entreprise, vous n'avez tenu aucun compte de ce sujet.

Vous avez écrit sur un plan signé de nous deux et circulant sur le chantier aux mains des ouvriers, une observation offensante pour moi en y signalant une erreur commise par l'un de vos sous traitants.

Enfin vous refusez de payer un personnel suffisant de dessinateurs dont j'ai besoin.

Il est temps que ces abus cessent dans l'intérêt même de notre entreprise, laquelle ne peut être menée à bien qu'autant qu'il me sera possible d'y travailler dans les conditions où ma place, ma situation d'auteur et d'architecte, associé dans la participation des bénéfices à réaliser.

Vos plaintes au sujet du retard que j'apporte à la confection des plans d'exécution ne seraient fondés que si vous m'aviez accordé la latitude de prendre des employés au nombre suffisant ; d'ailleurs mes plans d'exécutions, aujourd'hui remis entre vos mains représentent environ un cinquième du travail total qui m'incombe et votre sous traitant est encore à commencer le sien.

Voici donc dans quelles conditions je pourrais continuer à donner mon concours à l'exécution de mon projet :

1) - Liberté me sera donnée de choisir un ou plusieurs assistants dessinateurs ont les appointements totalisés dépasseraient pas à la fin des travaux, une somme de 12 000 francs.

2) - Un baraquement en planche d'une superficie de 40 mètres carrés, sera élevé sur le chantier comme atelier pour la confection de mes détails d'exécution.

3) - Après avoir approuvé et signés mes plans d'exécution comme actionnaire, vous voudrez bien en soumettre l'exécution à mon contrôle et surveillance, et tenir la main à ce que mes ordres de rectifications et de modifications, justifiées soient obéis par vos sous-traitants, car autrement vous seriez juge et partie pour l'exécution de votre forfait ce qui est inadmissible comme étant soustraire aux intérêts de la participation.

Faute d'acquiescement de votre part aux conditions ci-dessus, je me considère comme absolument conforme à la lettre et à l'esprit de notre contrat, je vous rendrai responsable des conséquences de votre refus. Veuillez agréez Monsieur mes salutations empressées.

Nogent/Marne le 14 avril 1887

**L'entrepreneur A.Lafont à Monsieur Perrusson Père et fils,
Avenue de la Motte-Piquet 54**

Les travaux de terrassement et de fondations que j'ai à faire pour votre compte et qui m'ont été désigné par Monsieur Colibert votre architecte, sont en partie achevés.

J'ai besoin en ce moment pour pouvoir préparer la charpente des plans de détails qui me sont tout-à-fait indispensables. Je vous demande cela parce que je n'ai pas vu Monsieur Colibert depuis quelques jours et que je n'ai aucun détail pour pouvoir continuer notre travail.

Afin de me conformer à vos ordres, je vous prierai de bien vouloir me faire donner ce que je vous réclame, et qui m'est nécessaire, et ce dans le le plus bref délai, sans quoi, je me verrai forcé de retirer les ouvriers du chantier. Agréez, Monsieur, mes sincères Salutation.

Lettre de Monsieur Colibert à Monsieur Perrusson,

Paris le 19 Janvier 1888

Je viens de recevoir votre lettre d'hier et j'y réponds en la suivant par paragraphes : En ce qui concerne la toiture de la cour de la Bastille, je ne conteste pas sa solidité mais comme le coté droit de cette charpente est cintrée visiblement comme le profil ci-contre (dessin) et que le milieu de plusieurs arbalétrières donne une flèche de 4 à 5 cm en dedans ; cela a sans doute fourni le prétexte aux critiques qui se sont faites jour jusqu'au bureau du commissaire de police ; je trouve qu'il convient d'empêcher même de faire aucune réflexion de ce genre en donnant un excès de solidité à la construction par l'addition d'un tyran que j'ai marqué d'un trait bleu reliant chaque arbalestier aux sapines montantes de la Bastille.

C'est une dépense de moins de 200 francs et que je préfèrerais payer de ma poche que d'attendre qu'une mesure analogue nous soit imposée à tort ou à raison.

Veuillez donc aviser Monsieur Gillet de me faciliter ma tâche, et tout peut être consolidé en quelques jours et avant l'avalanche de neige présentement suspendue sur nos têtes.

Quant aux arbres, je trouve comme vous que leur transport est fort cher ; aussi étant dans l'impossibilité de marchander avec les personnes qui prétendent avoir le monopole de ces transports.

C'est M.Perrusson qui mit lui même au point la maquette de la Bastille et mis tout en œuvre : les devis pour chaque corporation sont préparés. Les réponses s'amoncellent rapidement...

Les matériaux furent commandés et approvisionnés -pierres, bois de charpentes etc... Les fouilles et fondations se terminent d'arrache pied malgré les intempéries.

Les chantiers s'accélèrent...Un bateau de chaux arrive par la Seine. Puis une clôture d'environ 4 mètres de hauteur est dressée afin de protéger les travaux.

Elle restera définitivement jusqu'à la fin de la rétrospective. Un seul accident sans gravité fut à déplorer: un ouvrier travaillant sur un poste électrique.

PLUS VRAIE QUE NATURE !

Colibert et Perrusson ont donc, près du Champ de Mars reconstitué en sept mois tout le quartier de la Bastille, tel qu'il était en 1789,- et reconstitué, non en toile peinte, comme on pourrait le croire, mais en vraie charpente, en vraie maçonnerie avec de vrais reliefs.

On y a employé deux milles stères de bois, mille mètres cube de meulières, moellons, cent mille sacs de plâtre.

Et maintenant...Maintenant c'est la rue Saint-Antoine, c'est la Bastille, non pas en décors de théâtre, mais en réalité absolue, trop absolue peut-être car la légende amplifie toujours l'histoire.

Quand on veut se représenter, par exemple, la célèbre prison d'Etat, on la voit morne et noire, avec ses hautes tours, son aspect redoutable.

Eh bien ! Voilà la Bastille, telle qu'elle était.

Les mesures ont été si bien prises que les parties de l'édifice qu'on a retrouvées chez les brocanteurs, les collectionneurs ou chez les démolisseurs, vieilles portes, pierres, ferrures etc…y ont été remises exactement à leur place.

Or cette Bastille paraîtra petite ; elle ne dépasse guère les maisons voisines. Elle n'avait en effet, que vingt et un mètres à partir du sol.
(Source : Le Figaro)

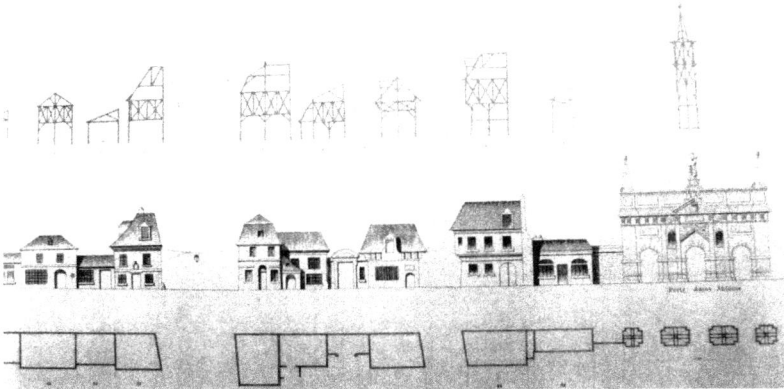

PLAN DE L'EXPOSITION RETROSPECTIVE DE LA BASTILLE ET DE LA RUE SAINT-ANTOINE

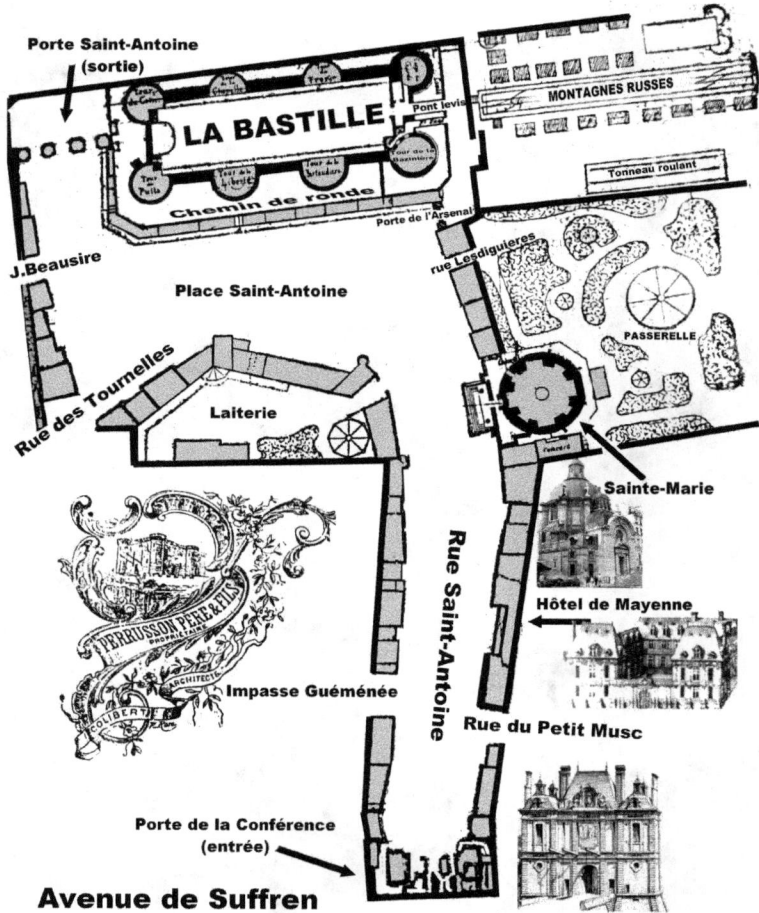

LISTE DES EXPOSANTS ET POSITION SUR LE PLAN

(non disponible ; document original dégradé)

1) Hambert, Salle des Fêtes, Restaurant

2) Porte de l'Arsenal

3) Porte de la Conférence

4) Exploitation, Maison Orientale

5) Fruiterie

6) Antiquaire : *Au Bras de Fer*

6 bis) - Découpeur de silhouettes
6) terc - Ravaudeuse

7, 8 et 9 Hôtel de Mayenne

10) Poterie de Terre *Au Bon Diable* (Perrusson).

37) Manteau, Glacier

11 et 12 Aux *Enfants de Bacchus* (Ici, on donne à boire et à manger)

38) Liquoriste, Distillateur Burne (*Elixir Latude*)

13) Panorama (souvenir de 1785)

39) Parfum De Saint-Genes.

13) bis - Water Closeds

14) Chapelier
15) Morel, argentier du Roy *Au Grand Dagobert*

42) Horloger *Au Carillon*

16) Faïencier Quider

17) Poupées – Caveau (Blanchard)

18) Eventailliste De Gournay

19) *Au Bon Tabac Rapé*

Tabac , Jeanne Nicot.

19) bis - Parapluieria

19) terc - Modeleur Verdier (Maître de l'Ebausbois).

46 bis) – Savetier Fretin

27) Perruquier Barbier Robin

28) Lavandière

29, 30) Hôtel de Brinvilliers

31) Maison à louer

32) Apothicaire

33) Maison à louer

34) Paneterie, Boulangerie
35) Lunetier, Opticien Hyr

36) Ecrivain Public Durand

40) Manteau, Vacherie

41) Host. *Au Lion d'Or*

43) ?

44) Ameublement Crespin-Ainé.

45) Confiserie

45 bis) - Banquetière

46) Bouchery, Charcuterie

20) ?   47) ?

21) Cabinet de Sorcellerie   Dicksonn – Cagliostro.

21) bis – Cartomancienne   48) Pâtisserie Salaville

49) Vannerie de la Reine

22) Bimbelotier Goupy   50) Tisserand

22) Gants, cravates, lingerie Marie-Louise.

51) Poste aux lettres

23) ?   51bis) Dépôt des chaises
                                                     à porteurs.

24) ?   52) Jouets

25) Tailleur du Roy   53) ?

26) Imprimeur Mercadier

26) bis Mademoiselle Angélina

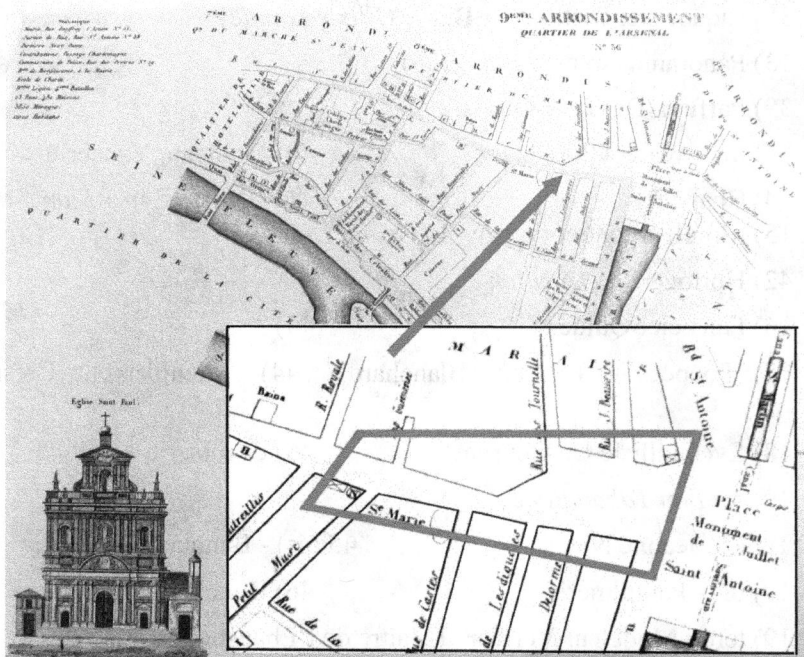

Zone de la rue Saint-Antoine, à Paris, reconstituée au Champ de Mars par Jean-Marie Perrusson (Plan de 1880)

La laiterie, Vacherie, vente de manteaux (n°40)

La Place Saint-Antoine

La Bastille et la Porte Saint-Antoine

La rue Saint-Antoine

La rue Saint-Antoine

Le montreur d'ours

A gauche, la Porte de l'Arsenal

Argentier, Orfèvre Morel

LE SUIVI DES TRAVAUX DE RECONSTRUCTION
DE LA NOUVELLE BASTILLE
VU PAR LA PRESSE DE L'EPOQUE

(Le Voltaire, Le Soir, Le Rappel, Le Parti Ouvrier, Le Temps, La Petite République Française).

Mise en garde : Les articles de journaux retranscrits fidèlement ci-dessous ont plus de 120 ans. Ils présentent donc certaines différences d'orthographe et de tournures de phrases par rapport à notre époque actuelle.

12 août 1887

- Journal Le Soir (12, rue Grange Batelière)

La Bastille reconstituée.

Il y a quelque temps déjà, nous avons eu l'occasion d'entretenir nos lecteurs d'un projet de reconstitution de la Bastille et d'une partie de la rue Saint-Antoine, qui devait être en quelque sorte l'exposition rétrospective du Centenaire de la Révolution.

Ce projet, qui fait le plus grand honneur à son auteur, M. Colibert, est aujourd'hui en pleine exécution.

Primitivement adopté par M. Rouvier, puis enfoui dans les cartons du ministère, ce projet, si intéressant qu'il pût être, n'aurait certainement jamais vu le jour si un grand industriel, M. Perrusson, le fondateur des usines céramiques de Saône et Loire, n'était venu lui prêter son concours pécuniaire.

 C'est à l'angle de l'avenue de Suffren et de l'avenue La Motte-Picquet, juste dans l'axe de la grande galerie des machines de l'Exposition de 1880, qui, on le sait, en sera l'une des principales attractions, que sera réédifié ce coin du Vieux Paris, berceau de la Révolution.

M. Dautresme, Ministre du commerce ne semble pas vouloir être moins actif que son prédécesseur ; aussi, a-t-il tenu, il y a huit jours environ, à visiter lui-même le chantier des travaux de la reconstitution de la Bastille et de la rue Saint-Antoine.

Certes ces travaux sont loin d'être terminés, mais ils n'en sont pas moins très avancés relativement.

Déjà la rue St-Antoine nous apparaît telle qu'elle était avec ses boutiques à auvent, ses maisons à pignon, toutes différentes les unes des autres.

Elle sera prise, comme distance, à la hauteur de la rue du Petit-Musc. C'est là que l'on placera une porte, la porte de la Conférence, la fermant, afin qu'on ait une vue d'ensemble, seulement en entrant.

Ceux qui viendront de loin ne pourront voir la rue et embrasseront d'un coup tout l'ensemble, sans que l'œil s'arrête aux détails.

Nous aurons donc là tout ce qui composait l'originalité d'une maison à la fin du dix-huitième siècle. En outre, chacune d'elles servira à une exposition de corps de métier de l'époque.

Voici déjà l'échoppe d'un écrivain public, dont l'enseigne est bien caractéristique : *Au tombeau des secrets* ! Plus loin, ce sont des imprimeries, des barbiers, des restaurants, et même un bureau de poste fonctionnant comme en 1789.

Dans le temple protestant, on jouera des comédies et on donnera des concerts de l'époque, tel qu'il y en eut d'ailleurs pendant la Révolution.

Enfin, voici la Bastille, dont la charpente, est entièrement construite et qui promet d'être une véritable merveille de reproduction artistique.

Nous ne saurions d'ailleurs mieux faire, pour donner un aspect général de cette immense forteresse que de *citer* quelques lignes d'un livre paru en 1789 et intitulé «La Bastille dévoilée », dans lequel

M. Colibert a trouvé tous les documents nécessaires à son projet.

… Tout cela était construit sur un pont dormant qui traversait le grand fossé et sur lequel s'abaissait un pont-levis au-delà duquel était un corps de garde. C'est par là que l'on arrivait à la grande cour intérieure.

Pour y parvenir il fallait encore passer une forte grille de fer qui servait de retranchement à la sentinelle qui avait l'ordre de ne pas laisser approcher d'elle les prisonniers à une distance de trois pas.

Cette grande cour avait 102 pieds de long sur 72 de large ; elle était environnée des tours dites de la Liberté, de la Bertaudière, de la Bazinière, de la Comté, du Trésor, et de la Chapelle et des massifs qui joignaient ces six tours. Seule, la tour de la Bazinière sera reproduite intérieurement.

Dans les cachots, fermés avec leurs vraies portes, seront installées les reproductions en cire de Poujade et du Comte de Sollage.

En somme, rien n'est négligé pour que l'illusion la plus complète puisse régner dans cette exposition rétrospective, qui sera, nous en sommes convaincus, à l'une des plus grandes attractions de *l'Exposition de 1889*.

Nous ne pouvons donc que féliciter M. Dautresme du précieux encouragement qu'il vient de donner à MM. Colibert et Perrusson, grâce à l'initiative artistique desquels nous pourrons revivre un siècle en arrière.

- 27 août 1887 -

Le Franc Journal

Pour tous Renseignements, s'adresser : 29, boulevard Poissonnière

La Bastille et le quartier Saint-Antoine au Champ de Mars.

Les travaux de la Tour Eiffel ne sont pas seuls à attirer de plus en plus les curieux du côté du Champ de Mars. Après avoir jeté un coup d'œil rapide sur le spectacle offert par les terrassements et les constructions métalliques de la future Exposition, les visiteurs se portent plus volontiers du côté de l'avenue de Suffren et de l'avenue la Motte-Picquet, aux abords du vaste terrain sur lequel se reconstitue, en facsimilé de bois et de plâtre, une partie du quartier St-Antoine, tel qu'il existait en 1789.

Bien que l'entrée du chantier soit interdite, il est facile de se rendre compte, du dehors, de l'attrait que représentera cette ingénieuse résurrection d'un coin historique du Paris d'il y a cent ans.

C'est à la hauteur du numéro 80 de l'avenue de Suffren que l'on trouve l'entrée de la rue St-Antoine avoisinant la Bastille. Presque toutes les maisons en bordure sont déjà élevées. Construites en bois et en plâtre, elles ont bien l'aspect des habitations de l'époque.

Larges auvents, toits pointus, fenêtres disposées irrégulièrement, portes bâtardes, niches pratiquées aux angles pour recevoir des statues de saints ou de saintes, tout y est, tout a bien le cachet de l'époque. Lorsque d'habiles peintres auront complétés la décoration des façades et auront donné à l'ensemble une couleur suffisamment *vieillotte*, l'illusion sera presque complète.

Presque au bout de la rue, à droite, se trouve le temple protestant, qui existe encore de nos jours. Ce que l'on peut en voir promet une reproduction fidèle et très artistique. Il paraît que dans ce temple on donnera, pendant la durée de l'Exposition, des concerts et des comédies en mettant à contribution les musiciens et les auteurs du temps de la Révolution.

Enfin, dans le fond du terrain, se dresse le « clou » de cette exhibition, la Bastille elle-même, avec ses huit tours, son pont levis, etc.

On ne voit encore que la carcasse en bois de la forteresse mais toutes les lignes en paraissent fidèlement reproduites.

Disons cependant que ces dimensions paraissent restreintes à côté de celles des constructions environnantes et spécialement du temple protestant.

Quoi qu'il en soit, et tel qu'il paraît devoir être, le quartier St-Antoine du Champ de Mars aura une véritable originalité.

Visitons le chantier de la rue Saint-Antoine...avant l'ouverture officielle.

En tournant le dos à la Bastille, et en bordure le long des fossés, s'élèvent de petites maisonnettes avec auvent et piliers, qui sont aussi couvertes de vieilles tuiles et seront habitées par des marchands regrattiers (petits détaillants).

Nous remarquons la Porte Saint-Antoine avec ses deux façades bien distinctes : l'une, celle du côté du faubourg bâtie sous Henri II, est du style Renaissance, avec ses statues, ses cariatides, ses cartouches, ses bas-reliefs. Elle rappelle la Fontaine des Innocents.

La face de la même porte, du côté de Paris, fut construite sous Louis XIV, à l'occasion de son mariage avec l'infante d'Espagne.

Les sculptures qui l'ornent retracent différentes phases de cette solennité. A son retour d'Espagne, Louis XIV passa de nouveau sous la Porte Saint-Antoine, qu'on avait surmontée pour la circonstance d'une statue de l'Hyménée.

Il parait que nous retrouverons cette statue lorsque les travaux seront terminés. N'oublions pas de dire que cette porte est à trois entrées plein-cintres et d'un travail soigné.

Là comme partout ailleurs du reste, les compagnons maçons-plâtriers ont su être à la hauteur de leur mission, et rendre avec une exactitude surprenante les reproductions exigées.

A remarquer aussi les plâtres de l'Eglise Sainte-Marie et ceux des façades des rues Saint-Antoine et Jean-Beausire. Et, puisque nous en sommes à la main d'œuvre, faisons aussi l'éloge aux compagnons couvreurs, peintres etc...

Tous les ouvriers manuels qui visiteront cette exposition comme nous, seront heureux de constater que pendant que les *pschuteux* s'avachissent dans la fainéantise et se vautrent dans les cabarets à la mode, ceux qui produisent deviennent de plus en plus des artistes, en même temps qu'ils deviennent de plus en plus conscients.

Retournant vers Paris, voici la maison du Cadran Solaire, un miroitier qui habitera une belle maison de deux étages, rare pour ce temps là.

Puis c'est la rue Jean-Beausire ; au coin, nous y voyons une maison genre gaillarde, du XIIIème siècle, avec ses bois enchevêtrés et apparents, l'étage surplombant de 70 centimètres le rez-de-chaussée et soutenu par des consoles à tétons ; dans la toiture, une superbe lucarne à cinq épis, encore un chef d'œuvre des compagnons charpentiers.

A l'autre encoignure de la même rue, la maison du barbier, avec porte cintrée et fenêtre à auvent, puis vient celle du Tanneur, reconnaissable à ses persiennes du séchoir, telles qu'elles se construisent encore aujourd'hui.

Maintenant c'est l'habitation d'un potier-émailleur, l'entrée est un porche très bas et d'un style des plus primitifs.

Durant l'Exposition Rétrospective de la Bastille, de nombreux objets d'une grande valeur historique datant de la Révolution Française ont été présentés au public.

Ils provenaient de musées mais aussi de collectionneurs privés qui ont eu à cœur de prêter leurs précieux objets.

En juin 1889, un collectionneur de Neufchâteau, dans les Vosges envoya cette lettre à M.Perrusson.

Dans un moment où tout ce qui se rapporte aux événements les plus graves de la Révolution de 89 excite la curiosité publique et les recherches des collectionneurs d'objets historiques, je vous soumets le fac-similé d'une inscription gravée au burin sur la culasse du canon d'un fusil d'honneur décerné par l'Assemblée Nationale, dans sa séance du 17 juin 1790 à l'un des vainqueurs de la Bastille, le 14 juillet 1789.

Ce fusil dont on ne peut contester l'authenticité figure à l'Exposition du Musée Historique de la Révolution Française, installée dans les Salles des Etats du Louvre.

Il a été envoyé par M.C.Contaut qui en est le propriétaire et le met à la disposition de l'acquéreur qui voudrait enrichir son Musée de ce rare objet.

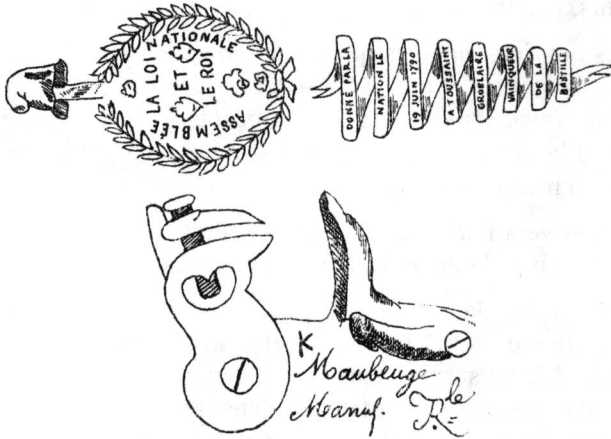

- **Le National (n°42, rue N.D des Victoires). 14 Septembre 1887**

5ème mois des travaux de l'Exposition Rétrospective de la Bastille.

L'histoire d'un siècle

Après avoir traversé en biais les chantiers de la Tour Eiffel, dont les 4 piles audacieusement lancées en l'air à la hauteur d'un 3ème étage offrent assez l'aspect de loin, de vastes toiles d'araignées, où circulent, cognent, boulonnent, grimpent aux traverses de fer, les ouvriers, ces arachnides, nous arrivons au haut de l'Avenue de Suffren.

A l'Avenue de Lamotte-Piquet, nous tournons à droite et pénétrons dans les chantiers de l'Exposition Rétrospective de 1789.

Lorsqu'on entre, l'effet est saisissant, imposant, c'est le vieux Paris renaissant des plâtras, c'est le passé qui surgit de l'oubli, c'est un siècle qui se révèle dans ce qu'il a d'odieux, la Bastille dont la construction émerge de ces îlots de toits.

L'entrée principale de cette exposition se fait par une reproduction à l'identique de la rue Saint-Antoine (en 1789), au n°80 bis de l'Avenue de Suffren, dans l'axe même de la Grande Galerie des Machines du Champ de Mars.

Suivez-nous ! Après avoir passé la Porte de la Conférence, on pénètre de suite dans la rue Saint-Antoine.

La Porte de la Conférence

Cette Porte qui ne se trouvait pas à la Bastille mais sur le quai qui porte encore son nom.

C'était l'une des plus belles portes de Paris, aussi les organisateurs ont souhaité en faire une entrée majestueuse à leur exposition, en moellons telle qu'elle était le jour même de l'entrée solennelle d'Henri III.

Ils s'excusent d'avoir choqué les historiographes de Paris.

La façade de cette porte, vraiment remarquable, comprend, au dessous de l'écusson royal, le magnifique vaisseau de Paris, voguant toute voiles au vent.

Cette pièce de sculpture peinte n'est rien moins qu'un chef-d'œuvre!

A droite, voici la rue du Petit-Musc qui jadis avait nom de Pute-y-Musse, de Petite Musse et de Put-Muce (puanteur cachée).

En face est l'impasse Guéménée, qui fut supprimée en 1790. Plus loin, l'Hôtel de Mayenne - reconstitution exacte.

A quelques maisons de là, le clou de l'Exposition: l'Eglise de la Visitation Sainte-Marie telle qu'on peut encore la voir de nos jours dans la vraie rue Saint-Antoine. Le fameux surintendant des Finances, Fouquet y fut inhumé...

L'Eglise de la Visitation Sainte-Marie

C'est une copie de Notre-Dame de la Rotonde de Rome....C'est l'architecte H. Grandpierre, collaborateur de Colibert qui réalisa cette reconstitution.

Au courant de l'Exposition, des concerts, des auditions d'œuvres de l'époque, des conférences sur le Révolution seront donné dans ce temple aménagé pour contenir 500 personnes environ.

Détail particulier, les 15 marches qui précèdent le perron du monument proviennent toutes du péristyle de l'Opéra Comique.

Dans ce monument seulement on a dû chicaner. On n'en a conservé que l'aspect extérieur. De l'intérieur on a fait le musée du dix-huitième siècle.

L'Eglise de la Visitation (Temple Sainte-Marie) – Travaux de Reconstitution

Les peintres Jacob et Saint-Gènois ont été chargés d'approprier les cinq chapelles de façon à ce qu'on y voie avec l'illusion de la réalité : *La Cour à Trianon, L'enlèvement de la première montgolfière en 1782, Le Capitaine de génie Carnot sous sa tente en 1784, Le salon de Madame Roland en 1788*, enfin *Latude préparant son évasion* ; il ne pouvait, en effet, manquer d'être de la fête.

Lui qui écrivait à Madame de Pompadour, qui l'avait fait emprisonner: " Le 25 de ce mois, il y aura cent mille heures que je souffre".

Entre ces épisodes du siècle dernier, seront exposés tous les objets qu'on a pu acquérir ou que les collectionneurs ont bien voulu prêter.

La direction fait même appel à ceux qui seraient à même d'augmenter en la circonstance les trésors de ses vitrines.

Cette rue, plus loin, c'est la rue de la Cerisaie. Pierre-le-Grand y logea en 1717. Philibert Delorme y demeura longtemps.

Là, c'est la Porte de l'Arsenal ; ici la rue Saint-Antoine fait un coude se portant sur la gauche, en contournant la Bastille et bordée à droite de petites maisons basses qui semblent ainsi être fixées aux flancs de la forteresse.

En face de nous la Place de la Bastille - un carrefour plutôt - au centre de laquelle s'élèvera un : "Vieux cylindre pourri, ce gibet nommé Pilorie, pour faire voir à ce siècle honteux, qu'on faisait autrefois justice" comme le dit Claude le Petit dans son "Paris ridicule".

Voici, à gauche la rue Jean Beausire ou si vous préférez la rue des Tournelles, qui fut ouverte sur l'emplacement du Palais des Tournelles.

Louis XII et Henri II moururent dans ce palais. C'est au n°32 de cette rue, où se trouvait le salon de Ninon de l'Enclos, que Molière lut Tartufe pour la première fois devant Racine, La Fontaine, Lulli et tant d'autres grands esprits du grand siècle.

Devant nous, voici la *Porte Saint-Antoine* construite sous Henri II afin de mieux enfermer la Bastille dans Paris.

Elle était ornée de bas-reliefs de Jean Goujon. Cette Porte marque la sortie de l'exposition.

C'est également, comme la Porte de la Conférence, un anachronisme, car cette Porte bâtie en 1585 fut démolie en 1778, soit 11 ans avant la Prise de la Bastille!

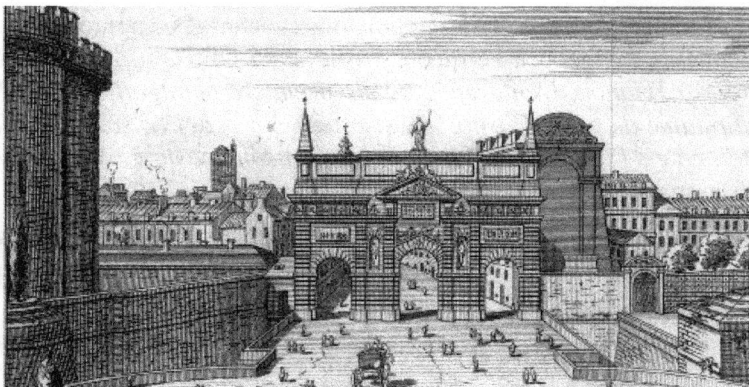

Porte Saint-Antoine

LA BASTILLE ENFIN RECONSTRUITE

Puis dominant le tout, semblant veiller ce quartier qui s'étend à ses pieds, la Bastille, ce molosse de pierre qui fut au temps jadis le porte respect de la monarchie.

Les proportions de la reconstruction sont exactes en tant que hauteur; pour la largeur, on a rogné de 3 mètres environ. Rien n'y manque.

Le nombre de meurtrières et de fenêtres grillées est exact, ainsi que celui des tourelles placées sur la plate-forme de la forteresse.

Dans la tour de la Bazinière, celle par laquelle on montera à la plate-forme, seront reproduits avec leurs dispositions primitives, un cachot souterrain, la salle des tortures, le corps de garde etc...

La Bastille reconstruite à l'identique !

On y exposera les clefs qui sont aux Archives nationales, quelques-uns des fusils de rempart qu'on nommait alors dans le peuple "*les amusettes du Comte de Saxe*", des canons, des pierriers, des obusiers de l'époque, ainsi qu'une reproduction de la fameuse cage de bois de 3 mètres de long sur 2,66 de large et 2,33 de hauteur que fit faire Louis XI, pour enfermer Guillaume de Harancourt, évêque de Verdun.

Un prisonnier définissait la Bastille de la sorte: " *Si ce n'est en enfer peut-être, il n'y a pas de supplices qui approchent ceux de la Bastille...*".

L'intérieur du monument sera réservé pour une salle des fêtes.

De l'autre côté de la rue Saint-Antoine, en passant sous la porte de l'Arsenal, se trouveront les fossés, le pont-levis et la contrescarpe.

Tour de 21 mètres correspondant à celles de la Bastille

LA RECONSTRUCTION DE LA BASTILLE

- 27 septembre 1887-

La Bastille a été démolie en 1789. Personne ne la regrette : on peut en juger par l'enthousiasme dont fait preuve la France tout entière quand le 14 juillet, elle célèbre l'anniversaire du jour où, il y a près de cent ans, fut jetée à bas la vieille forteresse monarchique.

Mais au point de vue historique, il ne serait pas sans intérêt de faire revivre aux yeux de ceux qui vivent aujourd'hui cette bastille qui fut *le monument de la tyrannie, le gouffre du despotisme*, comme disait un citoyen du temps de la grande Révolution.

C'est ce qu'a pensé un homme entreprenant, M.Colibert, qui, avec l'aide de MM.Perrusson, travaille depuis plus d'un an à mener à bien cette vaste entreprise.

Déjà en 1790, un an après la prise de la Bastille on avait proposé de reproduire sur un emplacement quelconque de la Capitale, la forteresse que l'on était en train de démolir !

« *Sa vue constante rappellera au peuple les efforts qu'il a faits pour conquérir la liberté et le tiendra en haleine contre les tyrans* » disait-on, alors…

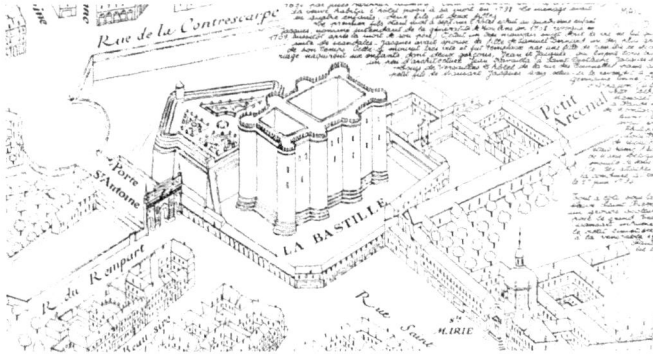

L'œuvre de M.Colibert est déjà fort avancée. De l'extrémité de l'avenue Bosquet, au-dessus des fermes métalliques qui couvrent le Champ de Mars, on aperçoit, non sans étonnement, par-delà l'avenue Suffren ; quatre grosses tours et, singulier effet de perspective, semble-t-il, on en croit deviner quatre autres derrière celles-là.

Or, ce n'est pas la coutume à notre époque de logements à bon marché d'élever des « immeubles » affectant le style féodal.

Le promeneur intrigué se dirige en hâte vers les tours mystérieuses.

Longeant l'Ecole militaire, il arrive au croisement des avenues Suffren et de La Motte-Picquet ; là, s'il entre dans le chantier ouvert devant lui, l'effet est saisissant.

« *En effet, c'est le Vieux-Paris qui renaît, c'est le passé qui surgit de l'oubli, c'est le siècle qui se réveille et ces grosses tours qui vous avaient étonné, on les reconnaît maintenant pour être celles de la Bastille, qui, reconstituée à cet endroit, s'élève massive, sombre, sinistre.* »

Oui, il n'y a plus de doutes : c'est bien la Bastille que l'on a en face de soi.

Un de mes confrères qui l'a vue comme nous, en parle en ces termes :

Entourée d'une ligne de petites constructions servant jadis de caserne aux invalides qui formaient sa garnison, la Bastille dresse ses huit tours à la hauteur exacte de vingt-et-un mètres au-dessus du niveau du sol.

Cette hauteur se trouve encore augmentée par la profondeur des fossés que l'on contourne pour arriver au pont-levis donnant accès à l'intérieur de l'ancienne prison d'Etat.

On voit déjà se dessiner le caveau pratiqué dans les soubassements de la tour d'angle appelée la «Bazinière» du nom du grand seigneur, qui, le premier, y fut enfermé.

C'est dans ce caveau que, le 14 juillet 1789, le peuple de Paris trouve deux prisonniers : Tavernier, qui y était depuis trente ans, et Pujade, qui n'avait encore que cinq années de réclusion..

Chacune des huit tours de la Bastille, massives de six pieds d'épaisseur ; (environ 2 mètres) portait un nom particulier :

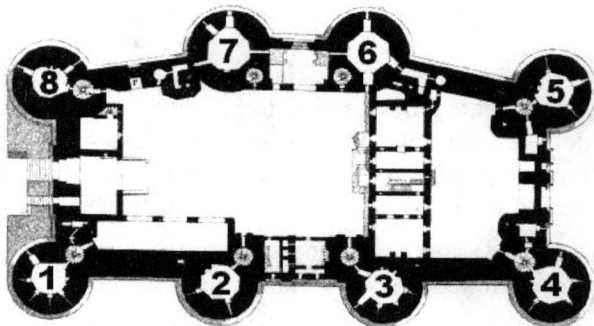

- 1 - La tour du Puits	*- 2 - La tour de la Liberté*
- 3 - La tour de la Bertaudière	*- 4 - La tour de la Bazinière*
- 5 - La tour du Coin	*- 6 - La tour du Trésor*
- 7 - La tour de la Chapelle	*- 8 - La tour de la Comté*

On verra aussi la fameuse horloge dont parle Linguet dans son Mémoire sur la Bastille: *« On y a pratiqué, disait-il, un beau cadran ; mais devinera-t-on quel en est l'ornement, quelle décoration l'on y a faite ? Des fers parfaitement sculptés.*

Il a pour support deux figures enchaînées par le cou, par les pieds, par le milieu du corps ; les deux bouts de ces ingénieuses guirlandes, après avoir couru tout autour du cartel, reviennent sur le devant former un nœud énorme, et pour prouver quelles menacent également les deux âges, l'artiste guidé par le génie du lieu ou des ordres précis, a eu soin de modeler un homme dans la force de l'âge, un autre accablé sous le poids des années ».

Bref, cette reconstitution donnera l'impression exacte de ce qu'on devait ressentir à la vue de cette prison d'Etat devant laquelle on ne passait point sans frayeur et où on enterrait vivant les gens coupables d'avoir parlé légèrement d'une maîtresse ou d'un valet du roi.

Chaque tour de la Bastille était divisée en cinq étages voûtés, dont chacun contenait une chambre octogone, percée d'une seule étroite fenêtre : on pénétrait dans ces chambres, où n'arrivait qu'avec peine un pâle rayon de lumière, par deux portes bardées de fer et séparées l'une de l'autre par toute l'épaisseur du mur. Les cachots s'enfonçaient jusqu'à 7 mètres sous terre.

Au sommet des tours, il y avait des cellules que l'on appelait « les calottes », où les prisonniers avaient à subir le froid le plus vif en hiver, la chaleur la plus forte en été.

« Pendant les sept ans que j'ai passé à la Bastille, écrivait Pélissery, je n'y avais point d'air pendant la belle saison et on ne me donnait pas de quoi me chauffer en hiver.

Je couchais sur un grabat. Je buvais de l'eau corrompue. Aussi je fus malade à mourir, je crachais le sang ».

* Ce carillon de la Bastille est actuellement exposé au Musée Campanaire de L'Isle Jourdain (dans le Gers) depuis 1994. On ignore si c'est lui ou une copie qui fut replacé provisoirement sur la Bastille reconstruite

Quelques prix de la main d'œuvre ...

Les éléments de sculpture furent réalisés dès 1887 sous les ordres de l'architecte Colibert par plusieurs sculpteurs dont Albinet (113, rue de Vaugirard) sculpture, décoration en carton pierre et staff. Ci-dessous un extrait de la facture.

Maison du Luthier (une statuette) : 20 francs

Maison du tourneur (un grand diable) : 60 francs

Un motif clef porte d'entrée : 25 francs

Porte Saint-Antoine, 2 fleurs de lys accessibles : 50 francs

Maison n°30, deux têtes de femme au-dessus des fenêtres : 24 francs

Eglise Sainte-Marie, 24 médaillons dans le ponton et corniche du dessus de la porte y compris modèle et table architecturale : 72 francs

Quatre rosaces entre les médaillons sur les angles rentrants et sortants : 8 francs

Eglise Sainte-Marie, un motif tête d'ange y compris modèle, moulage reproduction et pose : 250 francs

Décoration de la façade de la Porte Saint-Antoine composé de : un grand motif Trophée et Emblème armes de guerre Soleil et rayon ayant 1,6m de hauteur sur 50 cm de largeur : 900 francs

Trois médaillons profil Louis XIV : 75 francs

Le chef d'exploitation de Monsieur Perrusson s'occupait des moindres détails concernant le bon déroulement de ses attractions, comme en témoigne cette lettre datée du 7 juillet 1888.

Monsieur, veuillez nous envoyer demain sans faute 50 cartouches pour le canon de la Bastille semblables à celles que vous nous livrez habituellement mais plus forte en charge que les dernières, et un kilo de poudre forte pour fusil de munition ancien modèle. Je compte sur votre exactitude et vous salue.

L'imprimeur Mercadier a effectué en juillet 1889, 1.500 tirages de l'affiche de la Prise de la Bastille. 600 ont été remis à la Maison Crespin, 200 à la Maison Bonnard-Bidault, 100 à Monsieur Perrusson.

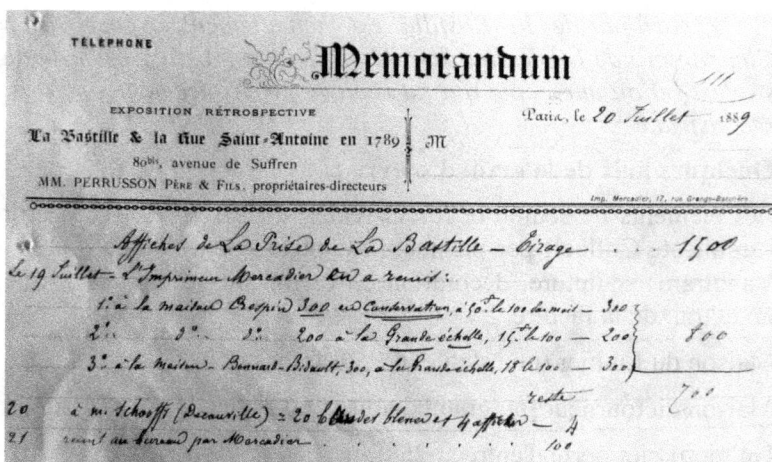

Un souci du détail poussé à l'extrême

Un gros million de francs a déjà été consacré à cette restitution d'un des plus intéressant coins du Paris de 1789. On fera encore toutes les dépenses qu'il faudra.

Les deux organisateurs ne s'arrêteront que quand il n'y aura plus un seul détail technique à ajouter.

M.Colibert auteur du projet est un perfectionniste; élève de Violet-le-Duc, il a collaboré aux restaurations du château de Pierrefonds et de la Cathédrale d'Amiens. M.Perrusson, éminent céramiste possède un goût exquis lui a valu les plus grandes récompenses aux expositions régionales ou universelles.

Un seul menu détail donnera une idée de la conscience avec laquelle ils exécutent leur projet.

Il ne peut y avoir une si grande agglomération de maisons (56 monuments et maisons) sans que des chats montent sur les toits, que les pigeons volent d'une cheminée à l'autres.

Eh bien! déjà on élève des chats dans les greniers pour qu'ils soient familiarisés avec les locaux le jour de l'ouverture!

Dans les colombiers, les pigeons couvent. Dans les cours, le fumier attire les moineaux francs. Ces hôtes obligatoires donneront plus de réalité aux immeubles.

Il faut aussi parler en détail des nombreuses maisons à pignon, à tourelle, à auvent, bâties d'après les estampes de l'époque.

C'est l'Auberge du Lion-d'Or, à la porte de laquelle grince l'enseigne classique avec ces mots: "Céans, on loge a pié" ; c'est la Maison du Diable, l'Echoppe de l'Ecrivain public.

C'est la Maison de la Poste ; puis celle de l'Argentier-Orfêvre ; du Potier d'Etain ; du Faïencier ; du Cloutier ; de l'Epicier ; de la faiseuse de Modes ; du Tailleur d'Habits ; du Chandelier-Cirier ; du Distillateur-Vinaigrier ; du Luthier ; du Tisserand ; du Potier-Emailleur et vingt autres.

Les artistes habiles chargés des sculptures et des peintures de cette exposition furent M.M Albinet, Goossens et Menessier. M.André Alavoine fut le chef de l'exploitation.

La Nouvelle Bastille ayant des attractions de nuit, l'administration apportera tous les soins sur la bonne exécution des divertissements de la journée.

Des programmes spéciaux seront donnés le dimanche et jours de fête. La Salle des Fêtes où se trouve le théâtre est chauffée par un calorifère Gurney à feu continu, communiquant 18 degrés de chaleur à 8000 mètres cube d'air.

Les cabarets et hostelleries offrent toujours aux visiteurs le refuge que l'on sait.

Ils acceptent des pensionnaires aux prix les plus modérés, qui ont leur droit d'entrée de droit à la Nouvelle Bastille.

LE RAPPEL

INAUGURATION OFFICIELLE DE LA NOUVELLE BASTILLE - 10 mai 1888

Journal Le rappel – 18 rue de Valois

La Bastille au Champ de Mars.

C'est aujourd'hui, à deux heures, qu'a lieu l'inauguration officielle de la Bastille et de la rue Saint-Antoine, reconstituées au Champ de Mars par les soins de MM. Perrusson Père et fils, avec le concours de M. Colibert, architecte.

Les auteurs de cette reconstitution d'une partie (et non la moins célèbre) du vieux Paris n'ont d'ailleurs rien négligé pour assurer à leur œuvre un caractère d'authenticité indiscutable, aussi bien de la part des archéologues experts que de celles de rares centenaires en situation, comme M.Chevreul, d'apporter leur témoignage personnel.

Ce n'est pas, à bien dire, toute la rue Saint-Antoine que M.Colibert a rétablie avec une scrupuleuse exactitude (l'espace dont il disposait ne lui eut pas permis) mais seulement la partie qui s'étendait à peu près de l'hôtel de Mayenne à la porte Saint-Antoine.

Après avoir franchi l'entrée de la rue en bordure sur l'avenue de Suffren, on rencontre, en effet, à droite, et précédée de quelques boutiques parmi lesquelles celle d'un brocanteur bric-à-brac portant comme enseigne : *Au bras de Fer,* l'hôtel bâti par Du Cerceau pour les ducs de Mayenne en 1564 et qui est occupé aujourd'hui par une école commerciale.

Sur un cartouche, placé au-dessus de la porte d'entrée, on lit encore l'inscription : Mayenne, Vaudemont et d'Ormesson, les noms des familles qui l'ont successivement occupé.

Tout en lui conservant extérieurement la physionomie monumentale des vastes habitations du seizième siècle, on a utilisé l'intérieur pour un café, agencé dans le goût de l'époque.

L'hôtel de Mayenne fait le coin de la rue, du Petit-Musc, dont le réverbère se balance vis-à-vis de celui qui débouche entre la maison d'un tisserand et celle d'un luthier avec le cor de chasse d'usage au milieu de la façade.

Vue générale de la reconstitution de la rue Saint-Antoine en 1888 avec son réverbère central. On remarque, à droite l'église Sainte-Marie et deux gentilshommes en costume d'époque.

Pour respecter la vérité historique, la rue Saint-Antoine était éclairée comme en 1789, à l'aide de lanternes - réverbères à huile.

Le dispositif était équipé d'un câble et d'une poulie permettant de descendre la lampe jusqu'au sol pour la recharger en huile. Quatre pieds permettaient de la poser par terre.

Lanterne à huile

Une rue de Paris en 1789

En effet, c'est à partir de septembre 1773 que les échevins de Paris firent équiper certaines rues par l'entrepreneur Renault, avec ce type de réverbères où l'huile remplace la chandelle, qui éclairent mieux.

Les 14 nouveaux réverbères (inventés dix ans auparavant) sont tellement plus puissants que par exemple, quatre suffisaient à éclairer l'ensemble des Halles.

Ils sont placés à différents endroits stratégiques dont l'Hôtel de Ville, la place du Pilori, certains ponts etc…

Ce sont les habitants qui fournissaient l'huile grasse pour l'entretien des réverbères qui étaient allumés du 1er novembre au 1er avril.

Ils n'étaient pas allumés les nuits où la lune éclairait suffisamment.

Voici plus loin : la Pompenette, pâtissière modèle, puis le savetier *car'leux d'souliers* qui raccommode les empeignes pour 10 sols, fait une couture pour 6 liards et le tablier de peau, autour du corps, la tête coiffé du bonnet rouge, attend la pratique dans l'échoppe où pendent aux murs, gisent sur le sol, chaussures de toutes formes et de toutes conditions.

La copie de l'hôtel de Mayenne (Hôtel d'Ormesson) reconverti en café...

Pour nous recréer l'odorat, Mariette, la jolie bouquetière à savamment disposé son éventaire non loin d'une charcuterie – comestibles bien tentante aussi et qui se dispute le palais du visiteur avec la confiserie de la Levrette.

Un carillon vous fait lever la tête. Vous voici devant la boutique d'un horloger : le bruit de son enseigne lui suffit.

Point n'est besoin d'autre désignation : ajoutons qu'il est voisin de la fameuse hôtellerie du Lion d'Or : *Céans on loge a pié et où les humeurs de piot sont déjà très nombreux.*

En traversant la rue mal pavée, sans trottoirs, pour aller de l'hôtel de Mayenne à l'impasse Guéménée, nous avons suivi le côté droit.

Ne le quittons pas jusqu'à la porte St-Antoine et donnons une mention de lunetier qui rend la vue aux pires aveugles, à la lavandière qui occupe une modeste bicoque avec buanderie et séchoir, à l'apothicaire, marchand de plantes médicinales, et à l'imprimeur Mercadier.

Dans une encoignure, un pan de muraille nous apparaît à un détour de la rue avec cette inscription : Ecrivain Public - *Ici, Babille, écrivain.* Ci-devant charnier des Innocents. Lettres d'amour, placets au Roy.

Un pas de plus et nous sommes devant la façade du Tombeau des secrets : des gravures, des chefs-d'œuvre de la calligraphie du temps ornent la modeste boutique de l'écrivain Babille.

Voici, dans un cadre un morceau de la robe de chambre de Louis XV, avec l'adresse : Mlle Camille, modiste, 15, rue de Choiseul.

Un tour de force calligraphique : le portrait de Louis XV fait avec des phrases laudatives écrites par son professeur d'écriture.

C'est le sujet de concours qu'a fourni le 4 apprillis 1761 le sieur Hennet, calligraphe, et sur le vu duquel il a obtenu le titre de calligraphe du roi ; autre merveille : le psaume cinquante écrit sans la moindre abréviation dans le contour d'un écu de six livres le 4 aoùst 1774.

En sortant du Tombeau des secrets, nous sommes au *Pié du quartier*, chez Godard, tailleur, qui à complété son ameublement de l'époque par un portrait de Lulli (Grand musicien du roy Louis XIV) et une série de costumes et de sachets, reproductions de la mode il y a cent ans.

Moins brillante que celle de ses confrères modernes, la boutique du perruquier-barbier-fripier Robin.

Mais comme un de nos ancêtres s'y retrouvait avec plaisir au milieu de ces artistes en perruque, de ces vieilles défroques d'habits vert-pomme, devant le coquenard ou le plat à barbe en faïence. Robin !

De Châteauroux, possède un bonnet du linge le plus fin, dont la guirlande de fleurs, aujourd'hui fanée a dû parer certes plus d'une jolie habituée des ruelles.

Non moins authentiques sont les têtes de bois qui servaient à exhiber les perruques au lieu de têtes de cire actuelles.

Nous voici à la porte Saint-Antoine, en face de cette Bastille dont l'aspect seul suffirait, à défaut d'autres causes, à nous faire partager la haine de nos pères contre les iniquités du régime passé.

Nous sommes devant la principale entrée de la prison, celle qui était rue Saint-Antoine, en face de la rue des Tournelles, à l'extrémité d'une allée bordée à droite par un corps de garde, à gauche par des boutiques adossées au revêtement des fossés, voici le pont-levis de l'*avancée*, qu'il faut franchir pour entrer dans la cour du gouvernement.

En face de l'hôtel du gouverneur est une autre avenue qu'un large fossé rempli d'eau sépare de la cour intérieure.

Sauf les tours, celle de la Bazinière, entre autres, où l'on a respecté scrupuleusement la vérité historique, l'intérieur de la prison a été transformé en une vase salle des fêtes, au frontispice de laquelle, on pourrait écrire : *Ici l'on s'amuse.*

C'est en effet, le théâtre des Variétés amusantes, fondé en 1792 par *le mime Lazarri* et qui vécut jusqu'en 1798.

Continuant notre excursion en remontant cette fois la rue Saint-Antoine jusqu'au point de départ, nous ne saurions mieux faire que de nous arrêter un instant dans l'église Sainte-Marie transformée (aujourd'hui église Saint-Paul), et où un peintre de talent, M. Ch. de Saint-Genois, a reproduit par le procédé panoramique les principales grandes scènes de la Révolution : Camille Desmoulins, au Palais-Royal, le Peuple dansant sur les ruines de la Bastille, Parisiens veillant après la victoire de 14.

Billets de l'Exposition Universelle de 1889 et de la Rétrospective

A ces souvenirs est jointe une collection d'objets historiques ayant trait à la Bastille : des autographes de Latude, le coffre en fer dans lequel on mettait les objets de valeur trouvés sur les prisonniers lors de leur entrée, l'épée d'honneur du garde française Clarke, un diplôme de combattant de la Bastille au nom de Charles Chalan, etc.

Nous voici revenu devant l'hôtel de Mayenne et nous entendons à l'autre bout de la rue la grande parade du sieur Nicolet, les calembours de M. et Mme Sans-Chagrin, en même temps que les fanfares des gardes françaises suivent d'une aubade, l'évasion d'un prisonnier : le fameux Latude…

Mais nous anticipons aujourd'hui sur le spectacle qui sera donné aujourd'hui même et qu'une répétition forcément imparfaite ne nous permet pas d'apprécier suffisamment. Nous en reparlerons à loisir demain (*Article de Ch. Vaudet*).

(Boulevard des Italiens)

Cocher ! A l'Exposition rétrospective, 80 bis avenue de Suffren !

L'automédon lève son fouet et, avec cette joie que l'on éprouve chaque année à la reprise des premières voitures découvertes, nous voici roulant à travers les jardins du Trocadero, que déjà surplombe – plus haute que l'horizon – l'ombre menaçante de la tour.

Le pont est assiégé de camelots qui courent après les voitures. Ils ont des liasses d'imprimés sur le bras. C'est le plan de la Tour Eiffel et de la Bastille en 1788 « d'après des gravures anciennes ».

Nous longeons d'interminables chantiers où des squelettes de galeries de fer surgissent de terre comme d'immenses vaisseaux d'église dont la Tour semble le clocher ; et je songe que cette exposition c'est vraiment un temple élevé par les hommes à leur dernière religion : le progrès illimité du travail.

Là-bas, devant nous, un rassemblement. Le chœur plus nourri des camelots couvrent la chanson des marteaux qui battent le fer.

On s'arrête devant une petite porte qu'un gardien de la paix masque avec ses larges épaules.

Il faut encore montrer patte blanche pour entrer, car c'est seulement aujourd'hui, mercredi 9 mai 1888, que l'exposition rétrospective doit être ouverte au public. On nous laisse passer à ce petit huis qui semble une entrée de corps de garde.

Une porte roule et se ferme. Le dix-neuvième est derrière ; nous voici en plein dix-huitième, rue Saint-Antoine. La première impression, c'est qu'il y a trop de ciel sur ces maisons.

Vous connaissez cette surprise qui assaille chaque fois que, après un long séjour à Paris, on retourne en province : les rangées de bâtisses de chaque côté des rues semblent invraisemblablement basses.

De même ici. Par-là, l'idée de « décors » surgit tout de suite, quoi qu'on fasse pour la chasser, et avant qu'on ait pu sonder les façades.

D'ailleurs, le coup d'œil est charmant. Et si jamais vu avez prit plaisir à venir vous asseoir dans quelque auberge des Adrets, pour faire ce rêve que vous étiez un passant des grandes routes d'autrefois, que le coche attendait à la porte, vous serez ici parfaitement heureux.

C'est une obscure jouissance dont il serait puéril de se défendre : au fond de toute ces illusions volontaires git se désir bien humain d'étendre démesurément la vie, de la prolonger au moins dans le passé indéfiniment puisqu'on n'est que trop sûr que dans l'avenir elle est limitée.

Quand on est entré par cette porte de la Conférence, on pénètre tout de suite dans la rue Saint-Antoine, et la perspective se déroule d'une large voie bordée de constructions inégales saillant sur la rue par la corniche de leurs toits, par la ferraille de leurs balcons, par leurs tourelles, par les pendaisons de leurs enseignes.

Les édifices d'importance sont sur la droite : c'est l'Hôtel de Mayenne, tel qu'il fut bâti sur les dessins de Ducerceau, lequel n'aurait eu vraiment qu'un pas à faire pour passer de chez soi dans la forteresse.

C'est encore l'église de la Visitation de Sainte Marie, telle que vous l'avez tous vue dans le quartier Saint-Antoine.

L'Hôtel de Mayenne est transformé en café, l'église de la Visitation en Musée Grévin et en salle de conférences. Tout cela est-il assez jacobin mes amis ?

Gravure ancienne de l'Hôtel de Mayenne

Puis la rue tourne sur la gauche, passant au pied de la Bastille qui ferme ici l'horizon.

Faut-il dire le vrai ? J'ai eu une petite désillusion à la trouver si mesquine.

Ce n'est pas la faute du très habile architecte M.Colibert, qui a fait sortir tous ces fantômes du passé : la Bastille de l'Exposition rétrospective est reproduite aux proportions exactes de hauteur avec une différence de trois mètres sur la largeur.

Ce ne sont pas ces trois mètres en moins qui me peuvent choquer ; mais voilà, à distance de cent ans, elle nous parait si haute, cette Bastille de larmes, elle jette une telle ombre sur la France royale !

C'est hier encore que dans la revue bleue je lisais la curieuse étude de M.Frantz Funck-Brentano sur cet horloger de génie qui fut incarcéré et oublié dans ces cachots parce que, répondant à l'appel du roi d'Espagne, il était allé monter une fabrique de l'autre côté des Pyrénées.

Un crime de plus à ajouter aux longues listes des martyrs que les camelots énumèrent à la porte avec des attendrissements de plain chant, une musique de litanie : *Là ont comparu le maréchal de Biron et Fouquet, le surintendant des finances.*

Là, a été ensevelie la pauvre épileptique Jeanne Lelièvre, accusée de convulsions, et le vieillard plus que centenaire avec la petite fille de sept ans ; le brave gouverneur de l'Inde, Lally, y a souffert jusqu'à l'échafaud, coupable d'offenses envers les courtisans.

Ajoutons à ce martyrologue les noms de Voltaire, de Linguet, de Latude, cette populaire victime de la Pompadour, du Masque de fer, etc…

Aujourd'hui, toutes ces douleurs sont silencieuses et ce qui sort par les soupiraux de la nouvelle Bastille, c'est ma foi, de la fort bonne musique.

Nous frappons à la grande porte : ce n'est pas un suisse qui vient ouvrir, mais un brave concierge chargé de tirer le cordon du monument et de défendre la salle des fêtes contre l'envahissement des importuns.

On répète, messieurs, répond-il fort important aux curieux qui le dérangent.

On répète un fragment d'Enée et Lavinie, tragédie jadis mise en musique par M.Colasse, Maistre de la Musique du Roy.

Puis entre-temps, ce *Théâtre des Variétés amusantes* donnera des pièces ensevelies depuis plus de cent ans dans la poussière du répertoire, comme la comédie folie de Carmontelle, représentée pour la première fois à Paris en1779.

Il y aura aussi *Janot ou les battus payent l'amande* ; *les deux chasseurs et la laitière*, comédie mêlée d'ariettes que Marie Antoinette voulut jouer au Trianon ; enfin une parade d'Anseaume avec musique de Grétry, le tableau parlant, qui met en scène toute la comédie italienne : Pierrot, Léandre, Colombine et Isabelle.

Musique dedans, musique dehors. En face des galeries, des Suisses qui font le tour du monument ; une joyeuse taverne, à l'enseigne des Gardes françaises, assoit sur sa terrasse tout un orchestre de musiciens.

Détails de l'affiche officielle de l'Exposition Rétrospective

Ces bonnes gens seront costumées le jour de l'ouverture.

Et leur joyeuse cantinière chantera, le poing sur la hanche, la chanson de nos grands-mères : *dans les Gardes françaises, j'avais un amoureux…*

Pour l'heure, ils jouent avec une fougue tout-à-fait divertissante un fragment de Castor et Pollux de Guétry.

Il fait lourd, on ne ménage pas la bière, les fronts ruissèlent sous les chapeaux relevés. La Bastille commence à vaciller devant leurs yeux.

Ils ont l'obscur sentiment que leur coup de trompette fera crouler ces murailles. Et d'un air menaçant, ils regardent les créneaux.

Je ne veux point sortir par la Porte Saint-Antoine sans vous conter que les organisateurs de l'Exposition rétrospective ont eu l'autre jour une grande joie : la visite de Monsieur Chevreul.

Vous comprenez, on a beau s'être entouré de tous les renseignements, voir pâli sur les plans, quand on fait sortir de terre un quartier qui a la prétention d'être une exacte reconstitution historique, on n'est pas fâché de recueillir l'approbation d'un témoin oculaire.

L'architecte tenait à présenter l'un à l'autre Monsieur Chevreul et la Bastille.

L'entrevue a été extrêmement touchante. Du plus loin qu'il a aperçu le monument, Monsieur Chevreul a couru vers lui à toute vitesse de ses jambes centenaires.

Je la reconnais, disait-il avec de petits hochements de tête, je la reconnais à merveille.

C'est ici que je venais jouer aux billes après mon sevrage. Je suis sûr que la fossette y est encore !

Ne pensez-vous pas que ce témoignage d'un ancien habitant du quartier a dû être, pour les artistes qui ont travaillé à cette reconstruction, la plus douce des récompenses ?

A LA NOUVELLE BASTILLE

Les divertissements offerts sont nombreux ; il y en a pour tous les goûts. Amateurs de curiosités, de bizarreries ; habitués des concerts, trouvent toute satisfaction dans cette rue St-Antoine reconstituée, dans ces alentours de la Bastille qui étaient sans doute moins gais en 1789.

Les boutiques toutes bien garnies, offrent une grande variété ; l'une d'elles est tenue par une femme courageuse, qui a fait ses preuves d'héroïsme pendant la guerre franco-allemande et le siège de Paris.

Nous avons nommé Mme Louise de Beaulieu, sur la poitrine de laquelle, avec la médaille militaire, nous voyons briller une dizaine de décorations.

Nous avons dit précédemment que nous consacrerions des notices à toutes les boutiques, à tous les amusements de la rue. Nous tiendrons parole et nos lecteurs auront ainsi la description exacte, détaillée, on ne peut plus complète de cette exposition rétrospective de la Bastille et de la rue Saint-Antoine, qui, depuis quelques mois, a donné une animation nouvelle aux environs du Champ-de-Mars et de l'Ecole militaire.

Nous avons maintes fois assisté à des ascensions ; M. Lachambre, un aéronaute bien connu et qui, incontestablement a fait faire un grand pas à l'aérostation française, s'est élevé plusieurs fois déjà de la Nouvelle Bastille, avec M. Perrusson et d'autres personnes ; la semaine dernière, c'est le président de l'école aérostatique de France, M.G. Falize, qui partait avec le célèbre prestidigitateur Dickson, qui est, à lui seul, une attraction irrésistible pour la Bastille de l'avenue de Suffren.

Faut-il parler maintenant de la salle des fêtes, dans laquelle a été organisé le théâtre ?

La troupe est fort bien composée, on y joue et on y chante à ravir, mais je préfère consacrer un article spécial au théâtre de la Bastille, ne pouvant en quelques lignes en donner une description suffisante. (*Article de René Venlis*)

Journal Le Parti Ouvrier (rue du Croissant)

- Un coin du vieux Paris (La Bastille rétrospective) -

22 mai 1888

Il n'est pas un organe dans la presse parisienne auquel l'inauguration de la vieille Bastille n'est fournit l'occasion de renseigner ses lecteurs sur les curiosités de Paris au dix-huitième siècle.

Nous n'avons pas manqué à notre devoir de bon informateur, et nous avons fourni à propos de cette œuvre, à la fois curieuse et instructive, les détails que comporte une résurrection aussi artistique.

Mais, cette tâche remplie, le Parti ouvrier se doit à lui-même, ainsi qu'à ses lecteurs, d'envisager la situation au point de vue du monde des travailleurs.

Nous disons donc aujourd'hui à MM, Perrusson et Colibert, les propriétaire et architecte :

Ne croyez-vous pas qu'il soit nécessaire de faire en sorte que la masse des ouvriers puisse visiter votre œuvre à laquelle les corporations du travail, dans leur ensemble, ont collaboré ?

C'est grâce à leur concours que vous avez pu mener à bonne fin l'exécution de cette magnifique reconstruction du vieux Paris, et il nous paraît de toute justice que celui qui a été à la peine soit à l'honneur.

Donc ce qui nous semble excessif, c'est le prix de un franc, qui n'est pas abordable pour toutes les bourses.

Ne pourriez-vous pas, un ou deux dimanches par mois, abaisser à 50 centimes par exemple, le prix des entrées pour faciliter aux classes laborieuses l'accès de votre prodigieuse entreprise, qui prélude si bien à la grande Exposition de 1889 ?

A cette combinaison, tout le monde trouvera son compte. Les visiteurs plus nombreux, y rencontreront maints sujets d'étude, et les recettes n'auront pas à se plaindre.

J'ai communiqué mon idée à divers concessionnaires, qui m'ont paru les partager, entre autres, M. Dickson, le moderne Cagliostro bien connu, dont les merveilleux travaux illusionnistes constituent l'une des principales attractions de l'endroit.

Ce maître prestidigitateur m'a même déclaré qu'il ferait ces jours là, ses représentations à moitié prix et même gratuitement.

J'enregistre ici sa promesse, en le remerciant, au nom des travailleurs, et je suis convaincu que bien d'autres, comme M. Blanchard, concessionnaire des caveaux, les directeurs des panoramas, etc, suivront son exemple.

Et il n'est pas jusqu'à M. Robin, le perruquier-frater, j'en suis convaincu, qui ne vient grossir le nombre de ces intelligents et désintéressés imitateurs. (Article de F.Privé)

LA PETITE RÉPUBLIQUE FRANÇAISE

(39, rue Montmartre) - juin 1888

Il y a plus d'un an qu'à l'angle des avenues de Suffren et de la Motte-Piquet on s'occupé à réédifier le quartier St-Antoine, ce quartier si original et si plein de souvenirs que l'anniversaire de la grande révolution va réveiller.

Aujourd'hui cette reconstitution est terminée, et franchement, rarement il m'a été donné de voir une chose aussi consciencieusement exécutée, aussi fidèle au point de vue historique et aussi scrupuleusement exacte dans tous les détails, tout en étant complète.

Vous entrez dans la rue St-Antoine réédifiée-là telle qu'elle était au jour de la prise de la Bastille, par une des portes semblables à celles qui se trouvent place Royale.

C'est la porte de la Conférence qui a été recopiée ici très exactement avec un air de vétusté extraordinairement imité. La porte franchie, la surprise commence.

La rue Saint-Antoine s'étend dans le loin tortueuse, tire-bouchonnée avec ses maisons basses, écrasées, d'où émergent des enseignes en fer, et ses lanternes pendues au milieu de la rue par une corde. Dans le fond, on aperçoit les tours sombres de la Bastille.

L'effet est saisissant, parce que rien du dehors ne vient troubler l'illusion.

Ici est la boutique du loueur de chaise à porteur, c'est une sorte de petite grange dans laquelle plusieurs chaises authentiques sont disposées.

En face se trouve l'échoppe du brocanteur : *Brocante bric-à-brac*, porte l'inscription du marchand qui a enseigné sa boutique : *Au bras de fer*, un bras qui tient une vieille épée au poignet ouvragée.

Plus loin le marchant de meuble : Meubles vend *tout à crédit et avec de l'argent* ajoute l'écriteau.

Puis voici deux boutiques bien originales le dix-huitième siècle y a mis sa pointe de gauloiserie gracieuse et pleine de bonne humeur : c'est une pâtisserie d'abord, proprette, à l'air aimable, cela s'appelle gentiment : *A la pomponette*, et cette pomponette-là, est une petite marquise du temps des bergeries, avec une robe à panier qui forme l'enseigne dans un médaillon d'un ton exquis.

A côté se trouve l'étal d'un savetier un nommé Frétin, *carleux d'fouliers* dit l'enseigne.

Ce Frétin-là battant du cuir à l'ombre de la sinistre prison est un philosophe ; il a orné sa devanture de dessins étranges, faits à coup du pinceau avec lequel il noircit ses fouliers*.

L'un représente un prisonnier geignant à la fenêtre d'un des donjons de la Bastille, un homme lui crie :

« *Ne soit pas si enragé. Tu auras bientôt place nette : Jacques viendra te délivrer Avant la fin de juillet* ».

C'est Jacques Bonhomme qui inspire le ressemeleur ; il le cite encore dans une grossière caricature à laquelle il met comme légende :

« *Si le Roy engraisse Jacques Bonhomme grandit. Le Sir par paresse*

Et Jacques par l'esprit ».

Je continue ma promenade en passant par l'Hôtel du Lyon d'Or, son enseigne qui grince au vent porte : Ici on loge à pied, dit-elle. Puis la boutique du luthier, le café des enfants de Bacchus, la Laiterie de Trianon et je débouche sur la place de la Bastille.

La prison est entourée d'échoppes basses, sans air, sorte de verrues qui dans le temps venaient toujours se grouper aux flancs des grands monuments.

Les toits de ces maisons sont à noter, la mousse même s'y trouve pour leur donner un air de plus grande vétusté.

Sur la place que la Bastille domine, l'illusion est plus grande encore.

On se trouve absolument transporté à un siècle en arrière, et ce quartier St-Antoine garde en ce moment un caractère tel, qu'on s'attend à chaque instant à voir apparaître, au coin d'une rue, la rue Jean-Beau-Sir ou la rue du Petit-Musc, quelque seigneur s'appuyant sur son rotin à bout d'argent, où la vinaigrette d'une marquise poudrerisée allant faire ses dévotions à l'église où l'angélus tinte.

Sur la place il y a le Café des Gardes, ce café où ils se désaltéraient pendant leurs rondes autour de la prison. – L'échoppe de l'écrivain publique est là aussi, puis celle du lunetier ; un marchand de ponnes lorgnettes, son nom l'indique.

L'imprimerie Truchier, installée dans une maison à panneaux de briques entremêlés de soutiens en bois et à pignon surplombant, la mieux reproduite de toutes.

« Rolin, perruquier de Chateauroux » a là également sa boutique tout contre la prison dans laquelle je pénètre.

On y a installé une salle de spectacle dans laquelle on jouera prochainement.

Derrière le rideau baissé, les artistes répètent dans la salle à décors du temps le bruit d'un rigodon de Duni m'arrive en sourdine.

La porte est restée ouverte, dans l'échappée la rue, la rue vielle, bosselée, vétuste, aux enseignes de rouilles s'aperçoit.

A cet instant, je vous assure, et vous eussiez subi la même impression que moi ; j'ai cru me sentir sur la tête une perruque poudrée, et si, en levant les yeux, vous n'aperceviez pas la gigantesque armature d'acier de la Tour Eiffel, l'acier, ce métal de notre siècle, vous craindriez les exempts et la lettre de cachet qui vous vouaient à l'oubli dans un des cachots grillés du donjon émergeant d'un fossé où croupissent des eaux rousses.

Cette idée d'avoir reconstitué à côté d'une exposition de toutes les merveilles d'un siècle de progrès, les moyens d'oppression d'une époque d'iniquité, est excellente c'est ainsi qu'elle sera appréciée.

En sortant de la rue St-Antoine je me suis croisé avec M. Chevreul. L'illustre centenaire a paru s'intéresser vivement à la résurrection d'un siècle qui l'a vu naître. Il semblait se trouver là comme chez lui. (Article de Jean-Jacques)

De cet endroit, l'on découvre la Bastille dans son plein. Avec ses tours sombres, crénelées, dans lesquelles s'avancent les gueules des canons menaçant Paris, ses fenêtres grillées en tous sens, ses guérites qui dominent la plate-forme et où s'abritent des soldats, lui donnent un aspect d'effrayante vérité.

Un moment on oublie qu'on a devant les yeux une simple reproduction de la sinistre prison d'état, et l'imagination vagabonde se retrace les crimes des tyrans des derniers siècles.

Comme dans une vision, on croit voir des corps raidis, pâlis, ensanglantés ; il semble qu'il vous monte au nez l'odeur nauséabonde des chairs brûlées.

On croit aussi entendre dans le lointain et comme sortant de terre, les gémissements des malheureux qu'on torturait là-dedans ? Et le poing se lève, menaçant les murailles noires de la forteresse.

Ensuite une idée vient, une question se pose : depuis la démolition de la Bastille, cent ans se sont écoulés, quatre révolutions ont été faites ; cent mille cadavres sont couchés par les balles réactionnaires, dans les cimetières et sous le bitume des places publiques, et quel est le chemin parcouru ?...

A-t-on moins faim ? Est-on plus libre ? Et l'on est obligé de se répondre, des milliers d'hommes ont faim, et de nouvelles prisons sont élevées dans lesquelles on fourre ceux qui revendiquent le droit à la vie.

Mais n'anticipons pas, essayons d'oublier la *Bastille* jusqu'au moment où nous en passerons la porte, ne nous occupons pour l'instant, que de la rue Saint-Antoine.

L'architecte M.Colibert ne l'a pas reconstituée dans sa proportion exacte, et son œuvre est en réalité une réduction de ce qui existait réellement.

Les maisons ne sont pas à l'échelle véritable, et les boutiques de la place de la Bastille s'appuient sur le monument tandis qu'elles en étaient séparées par un saut de loup. La réduction n'en est pas moins intéressante, très instructive et très digne d'être visitée.

Après l'hôtellerie, voici une grand-porte : à cet endroit sera la *Laiterie Trianon*, avec vacheries, jardins, pelouses, etc, et où femmes, enfants et vieillards trouveront du lait sortant du pis de la vache.

Puis c'est une maison avec une tourelle à poivrière, comme il en existe encore une ou deux, rue des Francs-Bourgeois ; sur la toiture, tourne une fort belle girouette, c'est la maison du *parfumeur* : son enseigne est une véritable sculpture indoue, devant représenter la déesse des fleurs.

En face et près de l'église Sainte-Marie, les restes d'une tour moyen-âge (architecture ogivale) encore élevée d'un étage et couverte d'un toit en ardoise en forme de clocher : ce sera la demeure d'un *chapelier*.

Près de cette tour, une construction importante, avec pignon sur rue ; c'est la maison d'un *faïencier*.

Nous sommes arrivés rue de Lesdiguières. Au fond de cette rue s'élève un grand cabaret, avec charmilles, bosquets, treilles, etc… copié sur un établissement aux portes de Paris à cette époque, et où les garçons et les servantes font le service en costumes du temps.

Au coin de la même rue, la maison d'un *épicier*.

Nous voici aux pieds de la forteresse, à la porte de l'arsenal qui était celle du gouverneur de la *Bastille* et par où passaient aussi les malheureux prisonniers qui, pour la plupart, ne devaient plus être libres et devaient y mourir de consomption ou de folie. (Article d'Edouard Devertus)

UNE PERTE IRREPARABLE

A l'occasion de l'Exposition Universelle de 1889, le drapeau français et ses trois couleurs, bleue, blanche et rouge, né de la Prise de la Bastille, fut particulièrement mis à l'honneur.

Au sommet de la Tour Eiffel, par exemple, dans la rotonde, fut installé un phare électrique en tous points semblables aux plus puissants phares installés sur les cotes de France.

La lampe électrique placée au centre possédait une force de 100 ampères.

Elle portait trois lentilles colorées en bleu, blanc et rouge, de sorte que les couleurs nationales faisaient lentement le tour de la coupole.

De l'enceinte de l'Exposition, il était impossible de voir le phare. Ce n'est que de 1.500 mètres environ qu'on pouvait l'apercevoir, par exemple de l'Esplanade des Invalides, de la Concorde, du Palais de l'Industrie.

Le rayon portait à 97 kilomètres ! Il a permis de déterminer les lois de la réfraction atmosphérique...

LE DRAPEAU FRANÇAIS

Le 3 avril 1888, Monsieur Perrusson recevait cette lettre d'un certain Braquehais qui habitait rue du Cardinal Lemoine, à Paris : (la lettre est retranscrite telle quelle, avec ses fautes de français) (n°72)

Monsieur,

Je suis propriétaire d'un drapeau authentique aux trois couleurs nationales de 1789. Les couleurs sont disposées dans un ordre tout particulier. Il est en soie et les inscriptions en lettres d'or. Il a appartenu à la Garde Nationale de Monville (Seine Inférieure) en 1882.

Le 13 juillet, il a été exposé dans la grande Salle des Fêtes le jour de l'inauguration de l'Hôtel de Ville par l'intermédiaire de Monsieur Charles Floquet, préfet de la Seine de l'époque.

Il est un des plus rares que la France possède de nos jours. Aucun musée de Paris ne possède cette pièce authentique.

A sujet comme la construction que vous avez représenté le monument de la Bastille.

Le drapeau que je possède, ce sont les dispositions même des couleurs nationales authentiques qui ont parut après la prise de la Bastille. Qui était le drapeau blanc auparavant.

Qui à sujet aurait sa raison d'être exposé dans le monument qui est la représentation de la Bastille. A mon idée serait une grande curiosité pour le publique.

Il va être centenaire de 89. Pour juger par vous même de ce vieux drapeau, je vous propose de vous le présenté.

Je suis de votre disposition de 8 heures du soir pour ne pas j'ainer mon travaille.

Je suis tout à votre disposition en n'attendant votre réponse. Agréez Monsieur mes salutations empressées.

Le drapeau tricolore, pavillon officiel de la France et drapeau officiel des armées depuis 1812, date de 1794 ; il fut dessiné par Jacques-Louis David (1748-1825) à la demande de la Convention.

Ses origines sont en fait plus anciennes et remontent à la Prise de la Bastille (couleurs de la liberté 1789.

Les trois couleurs étaient déjà utilisées dans l'Ancien Régime.

Après l'Exposition Universelle de 1889, Monsieur Perrusson a probablement racheté le drapeau à Monsieur Braquehais.

C'est le sentiment de Fernand Pigeat, car c'est lui qui a vu une dernière fois cette précieuse relique de la Prise de la Bastille.

Lorsqu'il participa à vider l'Usine Perrusson en 1960, il se souvenait avoir vu le drapeau accroché au dessus de la cheminée dans le bureau de Monsieur Perrusson.

Un peu plus tard, sans avoir le temps d'intervenir, il le revit malheureusement en train de brûler dans la cour de l'usine.

Des ouvriers (stupides) suivant à la lettre les consignes de brûler tout ce qui n'avait aucune valeur, avait tout mis dans le brasier, sans distinction!

Aujourd'hui encore, 50 ans plus tard, Fernand Pigeat est encore malade en revoyant ces images dans sa tête!

A la même époque, il se souvient que peu avant d'avoir découvert les archives de la Bastille reconstruite, il avait vu ses employés jeter plusieurs caisses de plaques de verre dans une verse à proximité de l'usine. Ils s'amusaient même à casser les plaques en les jetant.

Maintenant on se doute qu'il s'agissait des plaques de négatifs de photos prisent au sein de l'Exposition rétrospective de la Bastille et de la rue Saint-Antoine. Des archives photographiques d'une valeur inestimable.

Le 12 août 2011, Monsieur Pigeat m'a montré l'emplacement exact de cette verse, sur un terrain qui lui appartient, à Ecuisses, rue Desfontaines.

On peu rêver en s'imaginant retrouver ces plaques de verre... Il suffit de creuser sur un à deux mètres de profondeur.

Si on organisait des fouilles relativement peu coûteuse, il serait peut être possible de sauver quelques plaques miraculeusement préservées. Même cassées, avec la technologie actuelle, on peu récupérer ces documents historiques.

Tout est encore réalisable, mais pour combien de temps ? Le terrain est voué à la construction. L'autre côté de la rue est déjà entièrement construit. Le temps presse !

Mais Fernand est pessimiste ; il pense que les plaques de négatifs sont irrémédiablement perdues...

Les photographies de la Nouvelle Bastille et de la rue Saint-Antoine furent réalisées sur plaques de verre par le photographe Napoléon Dufeu.

La maison Lévy et Cie, n°44, rue Letellier, spécialistes de la photographie, qui réalisaient aussi des vues pour stéréoscope, projection photo, photomicrographies, s'était aussi proposée pour réaliser des clichés.

A Quintigny, dans le Jura, le plus vieux drapeau de la Révolution française connu à ce jour, a été déniché dans un recoin du grenier de l'Hôtel de Ville par le maire de la commune, Yves Moine.

Un peu effiloché sur les bords, enroulé autour d'un simple bâton, il porte encore beau pour son âge !

Il arbore fièrement ses devises, *Valeur et bonne foi*, brodée sur sa face rouge, la couleur des martyrs, *Dieu et la Patrie* sur sa face blanche, la couleur de la royauté française et de la France.

Montré au public pour la première fois le 9 juillet 2011, il sera probablement classé au titre des Monuments historiques.

Ce drapeau aux couleurs rouge et blanc (le bleu sera ajouté définitivement en 1794) aurait été fabriqué à l'occasion de la fête de la Fédération (à Paris, au Champs de Mars) célébrant le premier anniversaire de la prise de la Bastille, le 14 juillet 1790.

L'Ephémère Résurrection de la Bastille

Le drapeau tricolore a déjà fait son apparition dès les premiers événements de la Révolution, mais il n'est pas encore l'emblème officiel de la France.

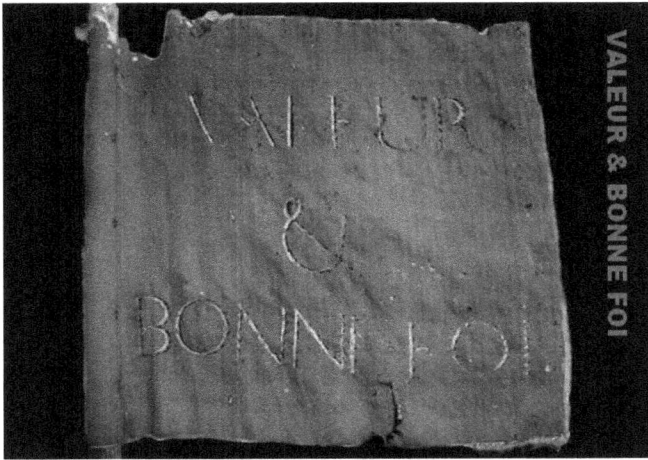

Sur le côté rouge du drapeau, l'inscription Valeur et Bonne Foi

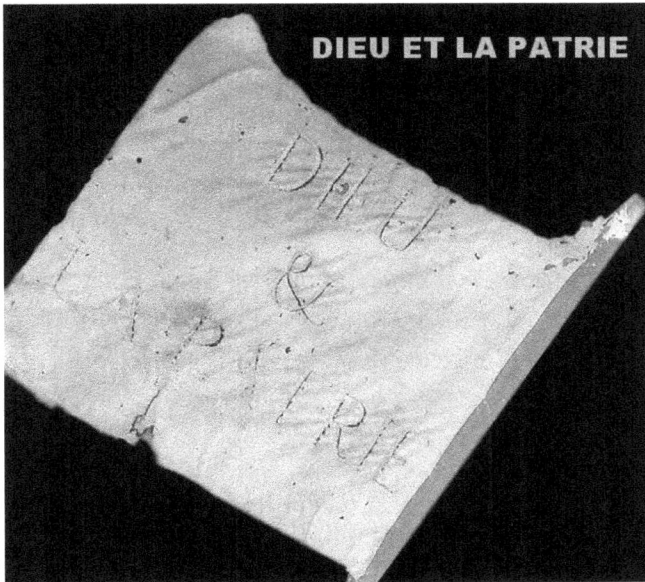

Sur le côté blanc du drapeau, l'inscription Dieu et la Patrie

FETES ET ANIMATION DE LA NOUVELLE BASTILLE
Ici, on danse !

L'aspect extérieur de la reconstruction étant absolument semblable à celui que présentait la véritable Bastille, l'intérêt n'eût pas été augmenté par la vue de la cour intérieure, sorte de puits sombre sans aucun caractère ; les constructeurs ont donc songé à tirer parti de cette surface disponible et ont fait une grande salle dans laquelle, grâce à une scène ménagée à l'extrémité, le public a pu assister à de nombreux concerts, ballets et représentations théâtrales, et même à des conférences. On y dansa même !

Il faut savoir que lors de la fête de la Fédération organisée par le démolisseur de la véritable Bastille sur l'emplacement exact de l'ancienne prison, on a dansé. D'ailleurs cette enceinte était limitée par de hauts peupliers sur lesquels on avait apposé des affiches portant ces mots : Ici on danse.

Une petite parenthèse ici pour vous faire remarquer que plus de deux siècles plus tard, on peut de nouveau apposer un panneau « Ici on danse » !

En effet, sur la Place de la Bastille, à quelques mètres de l'ancienne forteresse, on construisit un Temple de la Danse : l'Opéra Bastille ! Cet Opéra fut inauguré le 13 juillet 1989, à l'occasion du bi-centenaire de la Prise de la Bastille.

La décoration intérieure de la Bastille reconstituée produisait aux lumières, le plus gracieux des effets.

On remarquera en particulier le plafond sur le fond bleu duquel une multitude de fleurs de lys d'or forme un semis charmant.

Le 2 mai 1888, Monsieur Moulin, Professeur (Autorisé) *du Chien qui parle* (Vérifié à l'Ecole d'Alfort), offre son concours comme Exhibition de ses Chiens Savants qui feront la joie des visiteurs de l'Etablissement, si fait se peut.

Veuillez agréer de votre serviteur tout dévoué, les plus profonds respects. (*7, rue Desguerets à Boulogne/Seine*).

La Nouvelle Bastille, la "positive", fut très souvent utilisée à des fins caritatives. Par exemple, en juillet 1888, M.Perrusson reçoit cette lettre d'Epinal, dans les Vosges... à laquelle il répondit favorablement.

Voici la lettre de remerciement datée du 25 juillet 1888.

Je vous remercie bien vivement du bon accueil que vous avez bien voulu faire à ma proposition.

En présence des désastres dont je vous ai parlé, causés dans les Vosges par les ouragans du mois dernier, il y a urgence absolue à venir en aide aux cultivateurs de ce pays ruiné pour longtemps.

Je crois qu'il nous sera facile d'organiser à Paris, grâce à votre bienveillant concours, une fête essentiellement vosgienne de matière à intéresser le public et à attirer de nombreux visiteurs.

Un comité vient de se former dans ce but à Epinal, et vous soumettra sous peu un programme.

Au sujet des cérémonies à reconstituer, nous serions heureux d'avoir votre avis.

Préférez vous reproduire des scènes en plein air ou dans un local fermé ou accepteriez-vous une combinaison des deux ?

Nous adapterons notre programme à vos convenances.

Le 9 mai 1888 - La **Grande Fête d'Inauguration** au profit des Pauvres de Paris.

Sous le patronage de M.Floquet, Ministre de l'Intérieur, président du conseil et sous la présidence de M.M les députés de la Seine.

Programme

A 2 heures précises, réception de M.M les Ministres, Sénateurs, Députés, les membres du corps diplomatique, des Conseillers généraux et Municipaux de la Seine et de la presse.

Visite aux constructions, au Caveau, à la Tour et au Panorama, Musique militaire des gardes françaises, sous la direction de M.Déo.

A 3 heures, ouverture des portes au Public - Entrée 5 francs (le prix d'entrée normal était de 1franc...).

Dans la Rue : Marches militaires, M. et Mme Sans Chagrin, chanteurs ambulants. Funambules, jongleurs et acrobates.

A 3 heures 3O : Evasion d'un prisonnier de la Bastille (Latude).

A 3 heures 45 : Le célèbre Nicolet et le pitre Janot.

Représentation à 4 heures :

1) Janot ou les battus payent l'amende, folie en un acte de Carmontel jouée pour la première fois à Paris en 1779.

2) Les deux Chasseurs et la Laitière, comédie en un acte mélée d'Ariettes d'Anseaume, musique de Duni, représentée pour la première fois à Paris par des Comédiens Italiens le 21 juillet 1763, et joué au Trianon par la reine Marie-Antoinette.

3) Le Tableau parlant, comédie en un acte et en vers d'Anseaume, musique de Gretry, jouée pour la première fois à Paris en 1769.

4) Enée et Lavinie, Tragédie mise en musique par M.Colasse, maistre de musique du roy – Fragment de Ballet.

CHAMP DE MARS

Exposition Rétrospective

LA BASTILLE
ET LA
Rue Saint-Antoine
en 1789

80 bis, Avenue de Suffren et Avenue de la Motte-Piquet, 54 bis

Nouvelles Attractions

Matinée et Soirée : de 10 heures du matin à 11 heures du soir

DIVERTISSEMENTS GRATUITS DANS LA RUE
Musique Militaire des Gardes Françaises
Chanteurs des Rues — Acrobates — Les Gars du Berry
Evasion d'un Prisonnier à 4 h. et à 10 h. du soir

De 4 à 5 h. et de 10 h. à 11 h. du soir

Fête à Bacchus
Cortège de 100 personnes : Musique des Gardes Françaises
Trompettes et Tambours

LE BAILLI & SON GREFFIER
Farandole de 40 Danseurs et Danseuses — Chevaux Frusques

Triomphe de Bacchus
Tournoi — Carrousel — Farandole

BAL CHAMPÊTRE

SALLE DES FÊTES
Chansons — Acrobates — Musique
Pantomimes avec l'inimitable Paul Legrand

Montagnes Russes, Le chemin de l'Inquisition. Chevaux Américains

Panorama des évènements de 1789 par Charles de SAINT-GENOIS
Cabinet de Cagliostro reconstitué par le professeur DICKSONN

Paris. — Imp. MERCADIER, 17, rue Grange-Batelière et rue Saint-Antoine (Exposition Rétrospective de la Bastille)

La **Grande Fête de Bienfaisance**, donnée au profit des incendiés de la Guyane Française fut organisée dans la Salle des Fêtes de la Bastille.

En voici le programme des plus attrayants :

1) Représentation du *Passant*, une pièce en vers de François Coppée de l'Académie.

2) « Les Pierres précieuses » divertissement réglé par M. Marchetti, maître de ballet, et dansé par Mme Rosetti, 1ère danseuse.

3) *Pas seul* : Mlle Laus de l'Opéra.

-Sur la Place Saint-Antoine : Bataille de fleurs en chaises à porteurs.

-Reconstitution d'une cour d'amour. Elle permettra de contempler de près les plus belles et les plus gracieuses femmes des théâtres de Paris…

-Tournoi et grand assaut d'armes, combat à la rapière, à la dague et à l'épée à deux mains.

En soirée : Musique des Gardes Françaises, M. et Mme Sans Chagrin, chanteurs ambulants, Vielle et cornemuse du Berry.

A 9 heures (21 h), Ascension d'un Ballon Monté par le capitaine Ch .Porlié avec embrasement de l'Aérostat aux flammes oxydriques – Chandelles romaines – Pluie d'or – Bombardement au départ – Pour la première fois à Paris.

- Grand Bal paré & costumé dans la Salle des Fêtes

Le Menuet, la Pavane, la Passa-Caille et la Gigue reconstitués par M. Marchetti, seront dansé dans le bal par Mme Rosetti et le corps de Ballet de la Bastille.

- Illuminations et Embrasement Général de la Rue et des Tours.

- Evasion d'un prisonnier de la Tour de la Bertaudière.

- Grand Panorama, par Ch de Saint- Genois.

- Cabinet de Sorcellerie, par le professeur Dicksonn

- La visite des cachots et des tours, propriétaire M. Blanchard sera au bénéfice des incendiés de la Guyane.

Journal Montmartre - La Chapelle – 45 Boulevard Barbesse

Mercredi dernier, à eu lieu à l'exposition rétrospective de la Bastille, la centième représentation de la prise de la Bastille ; comme tous les soirs, ce curieux spectacle, qui est sans contredit le plus grand succès de l'année avait attirée une foule énorme.

L'émeute, l'assaut, la prise et l'embrasement de la forteresse ; le défilé des morts et des blessés ; le chant de l'hymne à la liberté ; le balais des trois couleurs ; en un mot tout ce qui fait parti de ce spectacle unique en son genre, a été exécuté par les cinq-cents personnages armés dont se compose la troupe de Monsieur Perrusson, au milieu des acclamations d'un public venu de tous les points de Paris.

En Terminant, n'oublions pas d'annoncer une bonne nouvelle à nos lecteurs : la Bastille restera ouverte après la fermeture de l'Exposition.

Costumés comme autrefois, nous apercevons, au milieu d'un attroupement, montés sur une estrade de circonstance, M. et Mme Sans Chagrin, chanteurs ambulants, qui, fort gentiment, ma foi ! avec une mimique tout-à-fait expressive, nous redisent les refrains de nos pères, - vieilles chansons de ronde avec lesquelles nos grand'mamans nous ont bercé.

Corbleu ! Marion, la servante et son curé, et surtout Auprès de ma blonde, obtiennent tous les jours un vif succès.

Ce succès est certes fort mérité, et l'on ne peux que féliciter les chanteurs de nous rappeler les chansonnettes populaires du 18ème siècle, simples, naïves, pleines d'une philosophie douce, valant assurément bien mieux que les rapsodies ridicules qui nous écorchent les oreilles dans les concerts à la mode.(René Venlis)

L'**Encyclopédie Contemporaine Illustrée** (Revue hebdomadaire Universelle des Sciences, de l'Art et de l'Industrie (13, rue du Vieux Colombier, 13, Paris), dans son numéro du **5 mai 1889**, nous donne écho de la Grande Fête d'Inauguration du Centenaire donnée le Dimanche 14 avril, au sein de la Nouvelle Bastille et de la rue Saint-Antoine.

Un public nombreux désireux de s'associer à ces réjouissances pittoresques organisées dans un but de bienfaisance par un comité de dames patronnesses appartenant à la haute société parisienne, et parmi lesquelles nous remarquons Mme la baronne de Sesty, la comtesse d'Aubenas, Mme Arveuf, Goblet, de Saint-Maur, lady Ealston, Melles Colibert, Cornet etc…

Fête attrayante et charmante sous tous ses rapports, qui permet de présager le brillant succès qu'obtiendront pendant l'Exposition ces sortes de kermesses archaïques, qui font revivre à l'esprit dans un décor de l'époque, les plus patriotiques souvenirs historiques du siècle dernier.

Malgré la pluie qui a quelque peu contrarié le public, la journée a été pleine d'entrain.

Les boutiques, cabarets et ateliers d'artisans étaient tenus par des dames et des jeunes filles du monde, et les attractions promises pour cette fête donnée au profit des pauvres avaient fait affluer les visiteurs.

A deux heures commence la fête avec musique des gardes françaises ; fonctionnement de tous les métiers du temps réinstallés à nouveau.

Cortège de personnages en chaises à porteurs, bateleurs et chanteurs ambulants égayant la rue en lui restituant la physionomie de l'époque.

Ensuite vient la reproduction d'une noce bourgeoise sous Louis XVI, sortant de l'Eglise Sainte-Marie, avec scènes populaires, colloque des invités, duels entre grands seigneurs du temps, ballets et musique sur la place.

Nous assistons en outre à une pantomime du XVIIIème siècle, sur le théâtre de la salle des fêtes, avec entrée libre pour les visiteurs, et l'inévitable évasion de Latude clôturant les fêtes du jour, tandis que le soir, est organisé un bal par les soins et sous le patronage des gracieuses mondaines qui ont prêté toute la journée leur actif et intelligent concours à cette œuvre charitable.

Un jeu de société « Prise de la Bastille », breveté et proposé à Monsieur Perrusson propriétaire de la Bastille, 1 septembre1889

Je vous prie de m'excuser de la liberté que je prends de vous adresser cette lettre pour vous exposer ce qui suit.

Je suis l'inventeur d'un jeu dont le dessin est ci-dessous et qui porte le nom de *Prise de la Bastille*.

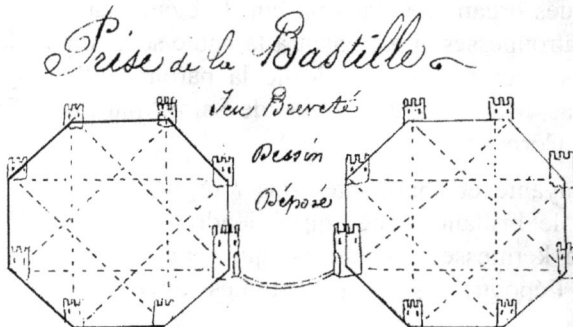

Ce jeu est très difficultueux à faire par ses combinaisons et lorsque l'on croit arriver au résultat le passe le trouve fermé, c'est-à-dire que la porte se trouve occupée par un pion.

C'est un solitaire qui se joue avec 14 pions (7 rouges et 7 noirs) ou toute autre nuance si l'on veut.

Comme le dessin ci-dessous l'indique, il se compose de deux forts réunis par une porte, et chaque porte est entourée de 7 bastions.

Il s'agit de prendre possession des bastions avec les pions et ensuite de faire passer alternativement par la porte, un pion rouge, un pion noir et ainsi de suite. Il y a de la difficulté pour les deux tactiques même elle est très grande ; il faut chercher !

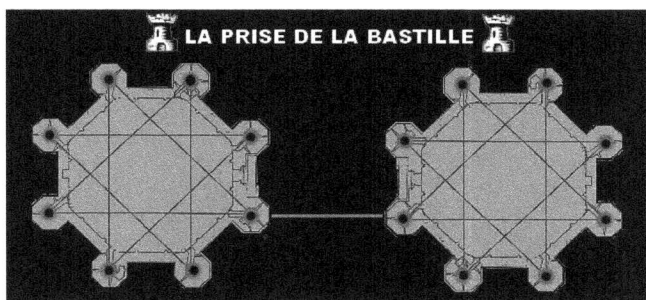

La direction de la Bastille – Paris le 21 août 1889 –

Eugène Duthuit (Paris Grenelle)

Vous m'excuserez si je prends la liberté de vous adresser la demande ci-dessous mais je crois à l'avance que vous accepterez vu que ce sera une des plus grandes attractions en ces jours pour la fin de l'exposition.

Je désirerais exécuter de la hauteur de 4 à 500 mètres, des descentes en parachute plus excentriques les unes que les autres : à ce sujet je vous conseillerai si vous ne voulez pas avoir de grande dépense pour le gaz, louer chez Monsieur Gabriel Yon un petit ballon militaire de 7 à 800 mètres cubes avec le fil et cordage de 4 à 500 mètres, comme cela il vous restera pour la fin de l'exposition et ne vous coûtera pas cher. Maintenant si vous acceptez je suis persuadé à une réussite complète pour vous aussi bien que pour moi, ainsi qu'à une énorme foule de monde, rien que pour ce genre d'exercice.

Administration des Comptes courants d'Epargne

- Paris le 21 août 1889-

J'ai l'honneur de me recommander à vos bons soins pour l'organisation de quelques ascensions de ballons dans votre propriété de la Bastille.

Je possède un magnifique ballon de 500 mètres cubes complètement neuf puisque je ne lui ai fait faire encore que trois ascensions ou je suis parti chaque fois en emmenant un amateur. J'ai déjà eu l'honneur de faire une ascension chez vous.

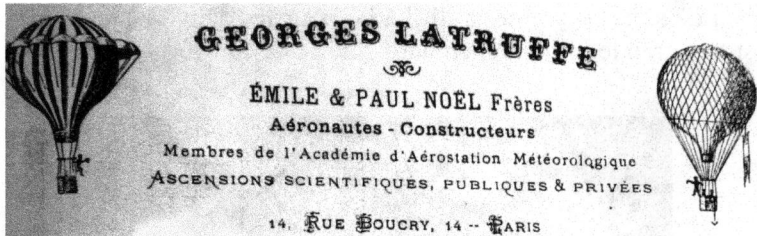

GEORGES LATRUFFE

ÉMILE & PAUL NOËL Frères
Aéronautes - Constructeurs
Membres de l'Académie d'Aérostation Météorologique
ASCENSIONS SCIENTIFIQUES, PUBLIQUES & PRIVÉES

14, RUE BOUCRY, 14 -- PARIS

Georges Latruffe, aéronaute, constructeur, membre de l'Académie Aérostation Météorologique, qui réalisait des ascensions scientifiques publiques et privées, proposa le 6 mars 1889, ses services à Monsieur Perrusson.

"J'ai l'honneur de vous informer que je me met à votre disposition pour organiser une fête aérostatique dans votre exposition à l'occasion du centenaire de 1789.

L'ascension dont je vous fais mes offres n'a rien de commun avec toutes les autres ascensions qui ont été faites jusqu'à ce jour, car je la ferai dans un ballon réellement dirigeable qui a déjà fait ses preuves avec le Capitaine Amiral Ardisson bien connu dans la marine et dans l'aérostatique.

Je ne vous demande que la fourniture de 550 mètres cube de gaz hydrogène et mes frais de débours.

J'espère Monsieur le Directeur que vous voudrez bien prendre en considération ma proposition et l'honneur d'une réponse favorable. etc...

Les aéronautes avec leurs montgolfières ont été fort appréciés. Malgré des baptêmes de l'air à 100 francs (soit 100 fois plus cher que billet d'entrée à l'Exposition Rétrospective) ils n'attendaient pas les clients. Selon les conditions atmosphériques, les baptêmes s'effectuaient sans relâche. Monsieur Perrusson lui-même prendra son baptême en montgolfière et remontera plusieurs fois!

Les vols étaient parfois agrémentés d'exhibitions spectaculaires comme Madame Léona d'Arl qui se suspendait par les dents à la nacelle d'un aérostat.

Parfois, un parachutiste sautait de la nacelle, d'une hauteur de 4 à 800 mètres. A cette époque, le parachute n'était pas fiable, mais il y avait tout de même des casse-cous pour prendre ce risque!

Lettre de Louise Schieckel, directrice du Café Oriental (28, Avenue de l'Opéra) et de Musique et Théâtre (10, rue de Marseille).

J'ai l'honneur de vous informer que l'Orchestre des Jeunes Dames Hongroises est en ce moment à Paris.

Cette troupe composée de 10 artistes d'un talent des plus remarquables et qui vient de faire une tournée en Europe dont les journaux de tous les pays ont proclamé le succès du meilleurs aloi et sans aucun précédent, se tient à la disposition des personnes qui désireraient donner à leurs soirées un attrait tout spécial et des plus artistiques.

Demandées par leurs Altesses Impériales, les Empereurs d'Allemagne et d'Autriche et par Sa Majesté le Roi des Belges, elle a été vivement félicitée par ces souverains et a remporté les mêmes succès dans toute la haute aristocratie européenne.

L'Orchestre des Jeunes Dames Hongroises joue la musique nationale hongroise, Csardas, airs tziganes, etc…, et interprète la musique des maîtres, musique d'ensemble, soli.

Les programmes peuvent donc être aussi variés que vous pouvez le désirer.

Les conditions sont très modérées. P.S : Suivant le désir, les artistes jouent en costume national ou en toilette de soirée. Conditions pour la saison de 3 mois : 5.000 francs par mois. Conditions par représentation: 200 francs en plus Costume et répertoire.

24 janvier 1888, **lettre de Madame Reuille**, une commerçante de la Bastille.

Monsieur Perrusson,

Je viens vous prier, Monsieur de bien vouloir m'autoriser à vendre près de mon tonneau de ravaudeuse, des surprises tels que : Choux, carottes, poireaux, oignons, radis, etc...

Ces imitations très bien réussies contiendront des objets de cotillon pour surprise. La personne qui vendra ces articles sera costumée et son étal se rapprochera le plus possible de celui du temps. Veuillez Monsieur Perrusson accueillir favorablement ma demande. Les récoltes de mon tonneau sont nulles. L'adjonction de ces articles me permettrait de rester parmi vous.

Lettre du Ministère de la Guerre (artillerie et équipement) Vente de poudre. 9 novembre 1889

Monsieur le Directeur de l'Exposition rétrospective *La Bastille et la rue Saint-Antoine.*

Monsieur, en réponse à votre lettre du 6 novembre courant, j'ai l'honneur de vous informer que par dépêche de ce jour, le Directeur d'Artillerie à Versailles est invité à faire tenir à votre disposition au fort de Montrouge : 100 kilogrammes de poudre Wetteren, à fins grains.

La livraison de cette poudre aura lieu dans les mêmes conditions que les précédentes.

Recevez, Monsieur, l'assurance de ma considération distinguée. Pour le Ministre et par son ordre – Le Général Directeur

Une lettre touchante de Monsieur Louis-Charles Rousseau, Pensionnaire Hospice de Bicêtre, 1ère division- Salle Voltaire-68

adressée à Monsieur Perrusson – Bicêtre, le 27 juillet 1888

Monsieur,

J'ai été la « Bastille », et j'ai été émerveillé de l'exactitude de cette exposition rétrospective de tout un quartier de Paris.

Ayant beaucoup lu les historiens de notre capitale et notamment Mercier, j'ai pu reconnaitre maints détails curieux et fidèlement reproduits.

J'ai vécu très heureux pendant quelques heures de la vie d'il y a un siècle et je tiens à vous féliciter des soins apportés dans l'organisation des spectacles de la rue.

J'aborde ici le sujet de ma lettre. Je suis pensionnaire à l'Hospice de Bicêtre, quand j'ai raconté à mes camarades tout ce que j'ai vu dans votre établissement ; beaucoup d'entre eux ont exprimé le désir de le visiter ; mais malheureusement notre situation d'invalides du travail nous laisse dépourvus d'argent.

Nous avons beaucoup de peine à recueillir quelques sous pour notre tabac et l'affranchissement de notre correspondance.

Un grand nombre de mes camarades m'ont chargé de vous faire une proposition, qui si elle est acceptée honorera votre établissement et vous attirera la sympathie de tout le monde.

Elle consiste à accorder l'entrée libre à tous les pensionnaires de Bicêtre qui se présenteront en costume de l'assistance publique.

Si vous ne pouvez accorder la gratuité absolue, étudiez le minimum de prix d'entrée, c'est-à-dire 0,25 franc pour les jours à 1 franc.

Considérez que beaucoup d'entre nous sont les fils ou petits-fils des Parisiens de 89 qui ont fait la Révolution et qui ont rendu la Bastille si célèbre et si curieuse pour notre temps.

Considérez que pour jouir de votre exposition, outre nos frais de voiture, nous sommes obligés de nous priver d'un repas, ce qui avec de prix d'entrée à1 franc, rend inabordable pour nous le spectacle curieux et instructif de la « Bastille ».

Nous avons l'espoir que notre proposition sera bien accueillie de vous et que vous aurez la bonté de faire une réponse favorable à notre délégué.

Lettre du Directeur de l'Ecole Communale de Garçons, Place de la Nativité, Paris 12 (Lettre du 16 juin 1888) répondu favorablement le 18... Monsieur,

Je viens vous demander une grande faveur pour quelques élèves de mon école, fils d'ouvriers du 12ème arrondissement qui comprend dans son périmètre le faubourg Saint-Antoine et la Place de la Bastille.

Cette faveur consisterait dans l'autorisation de visiter gratuitement la Bastille reconstituée près du Champ de Mars, et accordé à 13 de mes meilleurs élèves qui viennent d'obtenir leur certificat d'étude, lesquels seraient accompagné de leur Directeur.

Je le répète, ce sont des fils d'ouvriers ou encore de petits employés du chemin de fer ou bien de l'octroie de Paris.

Qui fréquentent une école communale et qui ne pourraient jamais faire le sacrifice nécessaire pour faire une visite devant graver dans leur esprit et dans leur mémoire d'une manière ineffaçable le souvenir de la Date la plus fameuse de l'Histoire de France.

Veuillez agréer.......

Lettre de M.Brenin, un misérable (26 rue Violet, à Grenelle, Paris) le 8/9/1888. (n°208)

Pardon si je prends la liberter de vous écrire. Je suis sans travalle depuis lontenps. Je sui père de 5 enfant sans resoursse.

Je prier Monsieur qui sois asses bons de bien vouloire prendre pare de ma misère. Je viens demander à Monsieur si il été possible de comme garde à la Bastille. Je sui uns enfants du pays Montchanin. Réponce.Votre très humble serviteur Brenin.

Lettre de J.Theuret, impresario (1, Cité Gaillard, Paris) le 12/7/1888. (n°102) ; (Monsieur Perrusson a répondu le jour même…)

J'ai l'honneur de vous présenter une grande attraction toute nouvelle. Madame Léona Darl qui fait des ascensions prodigieuses suspendue par les dents à la nacelle du Ballon.

C'est un spectacle tout nouveau pour la première fois en France qui sera une grande sensation et curiosité. Je vous envoie ci-joint une gravure d'un journal et si ma proposition peut vous être agréable je vous compléterais tous les renseignements qui vous seront nécessaires. Dans l'attente d'une réponse, veuillez croire à mes salutations bien distinguées.

En juin 1889, pendant un orage violent, le Ballon de M.Mayer s'écrasa sur l'une des attractions de la Bastille : le Panorama de Reishhoffen.

Lettre de C.William, architecte (110, Avenue Victor Hugo, Paris) le 1(15/6/1889. (n°140) à M.Collibert, architecte.

Mon cher confrère, Ci-inclus, quelques entrées pour la Tour de Nesle. Quand il vous sera agréable d'en avoir d'autres, vous n'aurez qu'à m'en donner avis.

En ce qui concerne les dégâts causés à la Bastille dans le Panorama de Reishoffen, nous avons bouché les trous du bas- aujourd'hui les couvreurs doivent remettre les toitures endommagées en état.

Il restera un trou dans le haut que pour plus de commodité, nous boucherons quand le maçon aura monté ses échafaudages et cela sera fait d'ici quelques jours.

Agréez mon cher confrère l'assurance de mes sentiments distingués.

Sécurité des Montagnes Russes.

Pour faire suite à ma lettre du 16 juin courant transmettant l'autorisation accordée au Sieur Guerlain d'exploiter un jeu dit de "Montagnes Russes" dans l'enceinte de l'Exposition rétrospective de la Bastille, je vous prie de vouloir bien inviter l'intéressé à faire exécuter dans les plus brefs délais les prescriptions ci-après reconnues nécessaires par le service d'architecture de ma Préfecture, en vue d'assurer la sécurité du public.

Montagnes Russes de 1889

1) Un grillage sera placé aux points les plus bas des rampes; ce grillage aura un minimum d'1,80 mètre de hauteur. Il aura pour but d'empêcher le spectateur d'approcher trop près et de se pencher sur les voies.

2) Visiter fréquemment le *chien* du frein pour qu'il soit toujours en état de bien fonctionner (ce mécanisme simple assurant la sécurité des wagonnets aux arrivées).

3) Le pétitionnaire devra toujours avoir le personnel suffisant pour assurer la sécurité du jeu. Il devra toujours y avoir au moins deux hommes à chacun des points de départ et d'arrivée pour saisir le wagonnet à la fin de la course.

4) Les enfants devront être attachés au moyen d'une courroie passée autour de la ceinture.

LA FIN DE L'EXPOSITION UNIVERSELLE DE 1889
ET DE LA NOUVELLE BASTILLE

Les 2 premières années (de mai 1888 à octobre1889), la nouvelle Bastille rapporta plus d'un million de francs de bénéfice, soit deux fois plus que le cirque Fernando qui se produisait aux Ambassadeurs, et qui était la grande vedette à l'époque !

L'ouverture de l'Exposition Universelle de 1889 fit encore prospérer les affaires.

D'ailleurs, avec 61.722 exposants dont 27.000 étrangers et surtout 32 millions de visiteurs, cette exposition aura été la première à équilibrer ses comptes avec un bénéfice de 8 millions de francs.

À l'origine, la nouvelle Bastille devait disparaître de nouveau dès la fin de l'Exposition Universelle de 1889, comme tous les pavillons thématiques.

Mais en raison de sa rentabilité financière, finalement, elle sera restée sur pied pendant 4 ans, d'avril 1888 à septembre 1891...

Cependant, si la Bastille continua à être exploitée encore quelque temps, la rue Saint-Antoine et ses 50 maisons ne put survivre à la clôture de cette même exposition.

L'ensemble disparut sans laisser de traces que celles fixées sur la pellicule.

Toutefois, l'idée fut reprise pour l'Exposition Universelle de 1900 avec la reconstitution du *Vieux-Paris* par l'architecte Albert Robida.

L'architecte Colibert reconstitua Paris en 1400, avec sa Cour des Miracles, mais également Avenue de Suffren.

Trop en dehors de l'Exposition Universelle 1900 au Champ de Mars, et faisant double emploi avec la reconstitution du *Vieux-Paris* magnifiquement exécuté, ce dernier projet ne connut qu'un succès mitigé.

La reconstitution de la Bastille fut encore une attraction appréciée des Parisiens.

Elle rouvrit de nouveau sa porte au printemps 1890.

Malgré l'intérêt des Anglais, qui souhaitaient racheter, démonter et reconstruire cette copie de la Bastille outre-manche, la bâtisse fut détruite une seconde fois vers 1892 ...

En Angleterre, dès mai 1888, on a suivi avec intérêt cette rétrospective de la Bastille grâce au Galignani's Messenger, le plus ancien journal anglais publié à Paris, qui possédait une antenne à Paris, au n°224, rue de Rivoli.

Spécialement pour les anglais à Paris, ils imprimaient un guide quotidien : le Daily Journal.

La Baïonnette (104, boulevard de Montmartre) journal humoristique et illustré paraissant le samedi, demanda le 8 août 1888, quelques entrées gratuites à M.Perrusson...

Perrusson et Colibert sont parvenus à reconstituer le site « *à peu près telles que nos grand-pères pouvaient les voir il y a un siècle* » s'enthousiasmaient les journaux en 1888.

Ils prévoyaient pour cette entreprise, un grand succès de curiosité à l'occasion de l'Exposition universelle. Et ils avaient vu juste !

Malheureusement cette réalisation remarquable que fut cette copie de la Bastille et de sa rue Saint-Antoine fut quelque peu éclipsée par la construction de la tour Eiffel, la véritable reine de cette exposition.

Contrairement à ce que l'on peut penser, la tour Eiffel ne fut pas la réalisation la plus coûteuse de cette exposition.

Le Pavillon des Machines coûta 7 fois plus cher!

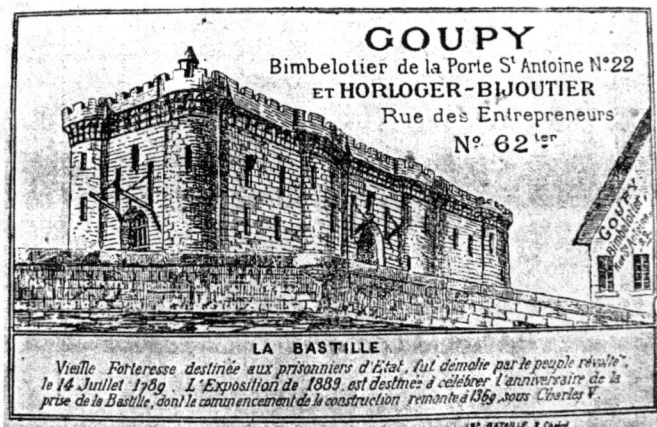

Dans les nombreuses photos et plans officiels de l'Exposition Universelle de 1889, la Bastille ne figure pas, tout simplement parce qu'elle se trouvait à l'extérieur de l'enceinte, devant l'entrée de l'Exposition, à côté de l'Ecole Militaire.

Médaille d'Or de l'Exposition Universelle de 1889

Lettre du Ministère de la Guerre (artillerie et équipement) Vente de poudre. 9 novembre 1889

Monsieur le Directeur, depuis le mois de février dernier, vous avez été autorisé par des décisions successives, à acquérir dans les magasins de l'artillerie une certaine quantité de poudre hors modèle.

L'Exposition Universelle étant fermée, je vous prie de me faire connaître si les représentations dans lesquelles cette poudre était utilisée doivent continuer pendant un certain temps.

Dans le cas de l'affirmative, vous voudrez bien m'indiquer la quantité totale de poudre qui vous serait encore nécessaire et le laps de temps pendant lequel vos demandes se poursuivraient.

Recevez, Monsieur, l'assurance de ma considération distinguée. Pour le Ministre et par son ordre – Le Général Directeur.

Le 28 janvier 1891, M. Perrusson reçoit cette lettre de Montpellier (2, rue Serane)... J'apprends que vous avez l'intention de faire une ouverture au printemps.

Je viens donc par cette présente vous faire nos offres de service en qualité de chanteurs (Sans Chagrin). En espérant que vous voudrez bien nous donner la préférence étant les créateurs du genre.

N'ayant pas eu, je crois à vous plaindre de nous.

Et dans l'espoir d'avoir une réponse favorable, recevez, Monsieur nos salutations de vos tous dévoués. Signé : Sans Chagrin

Grand Concert

Parmi les manifestations qui ponctuèrent après l'Exposition Universelle, le prolongement de la vie éphémère de la Nouvelle Bastille, nous citerons ce Grand Concert donné les dimanche et lundi 29 & 3O mars 1891, à 14 heures, par les Chansonniers Fin de Siècle. L'entrée ne coûtait plus que 1O centimes, contre un franc en temps ordinaire.

En première partie :

Polka-Marche (par l'Orchestre). **Quadrille** (par l'Orchestre). **Mlle Ninette :** Ritantout Larirette, (Chansonnette). **M.Tallin :** j'coup'du papier pour les water closets…(Monologue comique). **Mlle Aubrin** : La Rossignol en goguette (Chansonnette). **M.Collinet** : C'est de l'amour (Chansonnette). **Mlle Rayon d'Or :** C'est la femme. (Chansonnette). **M.Tissier :** c'est épatant (Chansonnette). **Mlle Nini patte en l'air :** La Gigolette (Chansonnette). **M.Blanchard** : Bonjours (imitation). **Mlle Ninette :** Le train de Perpignan (Chansonnette). **M.Deboisset** : Je n'marche pas (réflexions comiques). **Mlle Rayon d'Or** : Titine au théâtre (Chansonnette). **M.Collinet :** Le wagon des nourrices (Chansonnette). **Mlle Nini patte en l'air :** LaEntre Tonnerre et Lyon (Chansonnette). **M.Tissier et Mme Aubrin** : En Dodelinant (Duo).

En deuxième partie :

Polka (par l'Orchestre). **Valse** (par l'Orchestre). **M. Tallin** : l'Affamé ou la miche de pain (Monologue réaliste). **Mlle Ninette** : Madame Navet (Chansonnette). **M. Collinet** : Ca tient de la place (Chansonnette). **M. Tissier et Mme Aubrin** : Le Xilophone (Duo).

 M. Deboisset : Le marchand de mégots (Monologue réaliste). **Mlle Rayon d'Or** : Oui maman (Chansonnette). **M. Tallin** : l'Autre côté de la cocotte (Monologue comique). **Mlle Nini patte en l'air** : Eulalie se marie (Chansonnette). **M. Blanchard** : Professeur de Trompette (imitation). **M. Tissier et Mme Aubrin** : Musique d'antichambre (Duo).

Galop-Retraite et **Evasion de Latude**.

Le 5 avril 1891 à 2 heures : Grande Matinée Concert avec l'évasion du prisonnier Latude

A partir de l'ouverture de l'Exposition Universelle de 1889, de nouvelles attractions furent présentées au sein de l'Exposition Rétrospective de la Bastille. Les horaires furent modifiés, l'ouverture se faisait à 10 heures ; la fermeture à 23heures.

De 16 à 17 h et de 22 à 23h, on pouvait assister aux Fêtes de Bacchus, avec un cortège de 100 personnes, Musique des Gardes Françaises, Trompettes et Tambours.

- Le Bailli et son Greffier, farandole de 40 danseurs et danseuses ; chevaux Frusques.

- Le Triomphe de Bacchus ; Tournoi - Farandole

- Bal Champêtre et divertissements gratuit dans la rue, avec musique militaire, chanteurs, acrobates et les Gars du Berry.

- L'évasion d'un prisonnier était présentée à 16 h et 22h.

- Dans la Salle des Fêtes, chansons, acrobates, Musique et Pantomimes avec l'inimitable Paul Legrand.

- Montagnes Russes

- Le chemin de l'Inquisition

- Chevaux Américains

- Panorama des évènements de 1789, par Charles de Saint-Génois.

- Cabinet de Cagliostro reconstitué par le Professeur Dicksonn

" **Une Noce Villageoise au dix-huitième siècle**", nouvelle attraction de la Bastille présentée dimanche a pleinement réussi, écrit un journaliste.

Les costumes sont frais et bien de l'époque; les personnages sont joués avec beaucoup d'entrain et de gaieté. Vers 3 heures le cortège s'est mis en marche, ayant en tête la Musique des Gardes Françaises.

Sous les fenêtres de la mariée, les villageois ont chanté un chœur: "Charmante épousée", qui a été très goûté.

La représentation s'est terminée par un bal champêtre du plus charmant effet.

On a beaucoup applaudi une ronde du Vieux Temps : "Auprès de ma blonde, qu'il fait bon dormir", et un Noël sentimental fort bien chanté par la cousine Sans-Chagrin.

Les représentations de la " Noce Villageoise" auront lieu tous les jours à 3 h et 8h et demie, en alternance avec l'évasion de Latude.

Deux fois par jour, le prisonnier Latude s'évadait de la tour, descendant à l'aide d'un filin et se glissant entre les créneaux.

Toutefois, par sécurité, Monsieur Perrusson avait discrètement fait installer un filet, en cas de chute.

Chaque jour, la Bastille est assiégée par 500 soldats en armes et vêtus d'époque.

On acclame la troupe de Monsieur Perrusson !

Cette imitation parfaite déchaîne la foule, en voyant les brancardiers transporter les blessés. Monsieur Perrusson assiste très souvent à ce spectacle en chantant chaque fois avec le peuple enthousiaste.

Objets perdus

Dans les documents conservés par Perrusson, il y avait une liste des objets trouvés sur le lieu de l'Exposition Rétrospective. Chaque objet était décrit, avec la date de la perte le lieu exact où il était retrouvé et le nom de la personne qui l'a retrouvé.

Exemple, en une semaine : un bracelet en argent trouvé le 23 mai 1888 par Monsieur Leclerc, jardinier à Boulogne (Porte Chaise).

On a trouvé un mouchoir en dentelle, une petite croix en argent, un bracelet argent filigrane avec chainette, une épingle argent doré marguerite en filigrane, un bracelet "paraissant en or", trouvé dans le trou de la fontaine de l'Arsenal, par Monsieur Lindor, lampiste chez Monsieur Blanchard ; une pèlerine blanche d'enfant et deux porte-monnaie.

LA VIE A LA BASTILLE, AVANT 1789

La Bastille Saint-Antoine, prison réputée invulnérable, dont la première pierre fut posée le 22 avril 1367 par Aubriot, était aux yeux du peuple, le symbole de la citadelle de la royauté.

Elle ne fut complètement terminée qu'en 1380. Une sorte de prestige défendait le vieux bâtiment.

On n'osait pas l'attaquer le pensant invulnérable.

En fait le véritable Maître de la Bastille restait bien encore Maître du pays tout entier, ce vénérable monument étant considéré comme le point central de Paris et donc de la France.

Sans l'imprudence étourdie de Monsieur de Launay, son dernier Gouverneur, le bâtiment n'eut peut être pas été emporté en 1789, défendu par son antique prestige qui terrifiait aussi bien les Gardes françaises que le peuple lui-même tous étonnés, les uns comme les autres, de remporter un tel succès en mettant la Bastille à bas.

LA BASTILLE EN 1420

Au bout de la rue Saint-Antoine, après avoir dépassé l'ancien couvent de la Visitation, on voyait une sorte de passage pour pénétrer dans la cour de l'orme.

L'entrée était libre, mais contrôlée par une sentinelle. Dans ce passage se trouvaient cinq à six boutiques d'artisans.

A côté, se trouvaient les casernes, les écuries et les remises du gouverneur !

Le pont-levis était baissé pendant la journée.

Un corps de garde devant lequel se tenait un factionnaire empêchait tout attroupement qui se formait en général lorsqu'arrivaient des prisonniers.

Un autre pont-levis menait à la grande porte (ouverte de jour et de nuit) et au portillon du château.

On trouvait ensuite la cour du gouvernement et un autre corps de garde.

A droite et en face de l'entrée du château, était l'hôtel du gouverneur avec un fossé devant. C'était une construction très moderne et de fort belle apparence.

De l'autre côté, en face de cet hôtel était un pont-levis protégé par une barrière de poutres revêtues de fer et formant une sorte de cage où se tenaient à l'intérieur des sentinelles.

Devant cette dernière enceinte, protégée par une barrière, était encore un corps de garde puis une fois franchie, on se trouvait dans la cour des prisons (50 m/ 15).

Coupe de la Bastille

Six des tours avaient leur entrée sur cette cour. Celle-ci, souvent pleine de monde, ressemblait plutôt à la cour d'un collège qu'au préau d'une prison.

Les détenus et les amis qui venaient les voir, se livraient là à toutes sortes de jeux. Pourtant, la nuit, tout bruit cessait !

D'un côté s'élevaient les tours de la Comté, du Trésor, et de la Chapelle. De l'autre côté, celle de la Bazinière de la Bertaudière et de la Liberté.

En face de l'entrée se trouvait une grande maison où le lieutenant général de police interrogeait les prisonniers.

On y entreposait les archives ainsi que les effets personnels des prisonniers.

Les cuisines, offices et réfectoire de la domesticité occupaient le rez-de-chaussée de cette maison. Le premier étage était réservé aux prisonniers qui avaient une liberté toute relative.

Le lieutenant du roi demeurait au second étage.

Ses fenêtres permettaient, sans sortir de chez lui, d'exercer une surveillance incessante.

Dans le mur qui reliait en un seul corps les six donjons, avaient été aménagés, des chambres, une chapelle et divers magasins.

Entre la tour de la Comté et celle du Trésor, s'élevait un vieux bâtiment où se trouvaient les officiers inférieurs.

Au bout du passage ménagé dans la maison du lieutenant du roi, on entrait dans une cour étroite et obscure.

Elle servait de basse-cour pour la volaille…et le gouvernement !

LA BASTILLE EN 1750

On y entassait les fumiers et ordures ; les cuisiniers y lavaient la vaisselle.

A l'une des encoignures se trouvait un grand puits appelé *puits des deux tours*.

Aux deux extrémités de cette cour, se trouvaient encore deux autres tours, celle dite du coin et celle dite du puits.

Le long du mur qui les réunissait, on trouvait les logements des cuisiniers, des marmitons et des domestiques.

Ils étaient parfois laissés par tolérance à quelques détenus de bas étage qui pouvaient, pendant la journée, se promener dans la cour.

Les fossés ne se remplissaient d'eau qu'au moment des crues de la Seine.

Sur ces murs une galerie de bois avec parapet était aménagée pour que la nuit et la journée, un ou deux factionnaires surveillent les fenêtres des prisonniers.

Un officier les relayait toutes les deux heures et un caporal faisait, à heures irrégulières, des rondes fréquentes !

Pour prouver au lieutenant du roi que la ronde avait été bien faite, le factionnaire mettait un jeton dans une boîte, en rentrant de sa tournée.

Les incarcérations se faisaient avec un soin méticuleux.

Le gouverneur avait un pouvoir absolu ; il s'entourait de précautions rigoureuses sentant tout le danger d'une responsabilité sans contrôle.

La Bastille était placée sous la surveillance d'un ministre (généralement celui qui avait Paris dans sa juridiction) qui en contrôlait les dépenses et se faisait rendre compte de tout.

Lorsque le gouverneur était au château, il recevait le prisonnier qu'on lui amenait et délivrait un reçu.

S'en suivait une brève conversation ; sorte d'interrogatoire officieux.

Avant d'entrer dans sa cellule, le prisonnier remettait ses armes, son argent, ses papiers.

Il était fouillé avec soin et l'on dressait un inventaire complet de ses effets qui lui seraient remis à sa sortie ! Si ce dernier sortait un jour… !

Les chambres n'étaient pas meublées. Ce sont les parents ou amis du prisonnier qui se chargeaient éventuellement de garnir la cellule.

S'il n'avait pas de famille, il se devait de payer le loyer de tout mobilier, fournit par un artisan qui avait toute la confiance de la Bastille…

Le roi ne donnant à ses prisonniers que le vivre et le couvert.

Cette pratique dura jusqu'en 1709. Après cette date, le roi ordonna un fonds spécial pour acheter les meubles nécessaires.

Hommes et femmes étaient toujours séparés et ne se voyaient jamais, tout au plus échangeaient-ils quelques signaux au travers des plafonds. Quant le prisonnier était incarcéré, un officier accompagné d'un porte-clefs le conduisait à sa cellule à travers les cours en veillant à ce que personne ne s'y trouve.

Toutes les chambres étaient bien entendu fermées par une double porte, avec des serrures avec clefs différentes, et des verrous énormes. Dans chaque tour, les trousseaux de clefs faisaient la charge d'un homme.

Derrière la porte d'entrée, était une grille fermée. Pour empêcher toutes communications entre les prisonniers, on sépara par des grilles les différents étages.

Le château contenait 42 chambres dont 37 dans les tours et les autres pratiquées dans le mur qui les reliait entre elles. Toutes les tours étaient à peu près semblables.

La tour de la Liberté comptait sept étages, celle de la Bertaudière, six, celle de la Comté, de la Bazinière et du Coin n'en avaient que cinq. Celles du Trésor et de la Chapelle deux seulement.

Rondes à l'extérieur, elles présentaient au-dedans la forme d'un octogone irrégulier voûté et au bas de chaque tour se trouvait un cachot où l'air et la lumière n'arrivaient que par des créneaux qui venaient prendre jour sur le fossé.

C'étaient bien entendu, les lieux de punition !

Une chaîne était rivée au milieu de ce réduit où étaient enchaînés les détenus les plus furieux.

L'hygiène intime était assez réduite et incommode.

En face des fenêtres était une petite pièce aménagée dans l'épaisseur du mur : c'était les *lieux d'aisances* mais toutes les chambres n'en possédaient pas ; on fournissait alors aux prisonniers des *garde-robe* ou pot de chambre, que les porte-clefs vidaient tous les matins.

Les visites avaient lieu, en général, trois fois par jour.

Le matin, les domestiques arrangeaient les chambres, apportaient le déjeuner, et à midi ou une heure, le dîner, et le soir ils montaient la soupe.la Bastille la nourriture était bonne, saine et abondante !

Il y avait toujours au menu plusieurs plats : potage, entrée ou plat du jour et… dessert.

A chaque dîner, deux bouteilles de vin du Bourgogne et même du Champagne pour les plus en vue.

Cette abondance s'explique par l'intérêt du gouverneur de soigner et garder en parfaite santé ses prisonniers ; leur entretien étant grassement payé.

Même lorsqu'il était puni, au cachot, le détenu avait tout de même, de la soupe, de la viande, du pain et une demi-bouteille de vin.

Le pain sec et l'eau étaient réservés aux cas extrêmes ; châtiment rigoureux auquel on ne recourait que rarement.

Lorsqu'un prisonnier était malade, le chirurgien du château lui administrait les premiers soins.

 Si c'était plus grave, on appelait alors le médecin du roi. Lorsque ce malade entrait en convalescence, c'était à la table même du gouverneur qu'il recevait sa nourriture !

La santé de l'âme était *soignée* par le chapelain du château qui visitait les prisonniers très souvent et un confesseur était souvent appelé auprès d'un mourant pour lui prodiguer les derniers sacrements.

Après quelques prières, le prisonnier mort était enseveli le soir venu dans le cimetière de l'église Saint-Paul proche de la Bastille.

L'acte de décès était inscrit par le clergé sur le registre mortuaire de la dite église mais le nom du défunt était le plus souvent déguisé.

Les hérétiques eux, étaient ensevelis dans le premier endroit venu, dans les cours ou dans le jardin du château.

Ce sont ces restes qui furent découverts en 1789 et qui firent penser que c'étaient les ossements de prisonniers tués à la Bastille durant leur incarcération.

Les prisonniers avaient autorisation de lire et d'acheter des livres, mais généralement les officiers eux-mêmes prêtaient leurs propres livres aux prisonniers afin d'éviter tout incursion de plan d'évasion.

En 1783, fut établi une bibliothèque à la Bastille, dont un catalogue est conservé à l'Arsenal.

Ceux qui n'aimaient pas lire, pouvaient jouer à toutes sortes de jeux (cartes, dames, échecs etc...).

Quant à l'écrit, les prisonniers pouvaient posséder : papier, plume, encrier le tout étant bien entendu minutieusement contrôlé.

A la Bastille furent souvent composés des vers, romans, mémoires, sermons ou traités religieux. Plusieurs de ces productions ont même été édités.

Pour ceux qui avaient l'autorisation de sortir dans les cours (qu'on appelait les *libertés de la Bastille*), il était possible de recevoir des visites ou encore jouer aux jeux de quilles et de tonneau.

Il se trouvait même en cet endroit un billard.

Mais seuls les fils de famille détenus étaient ainsi traités, par correction, ou quelques militaires aux arrêts.

Sous l'ancien régime, il était interdit de parler de la Bastille.

Ceux qui en sortaient n'avaient qu'un désir, n'y plus revenir, et comme ils devaient, avant leur mise en liberté, s'engager par écrit à ne rien révéler de ce qu'ils avaient vu ou entendu pendant leur séjour dans cette prison, ils se gardaient de violer leur promesse, de crainte d'être replacés aussitôt sous les verrous...

Parmi les gouverneurs célèbres citons : Le Duc de Guise, Sully, Bassompierre, Monsieur de Saint-Marc et enfin le Marquis de Launay dernier de tous, qui mourut décapité par les révolutionnaires. (*source : Madeleine Arnold-Tétard*).

Quelques prisonniers célèbres

Voltaire passa l'année 1717 à la Bastille. A sa sortie, il se vit gratifié d'une rondelette pension de mille écus par le Régent.

Sa réponse fut éloquente : *Je remercie Votre Altesse Royale de ce qu'elle veut bien se charger de ma nourriture, mais je la prie de ne plus se charger de mon logement.*

Le mystérieux Masque de Fer, dont personne ne connut l'identité ni le visage, entra à la Bastille en 1698 pour ne jamais en sortir ; en 1703, on le retrouva mort dans sa cellule. Plus tard, il sera identifié comme étant Eustache Danger (un pauvre domestique)...

Le malchanceux marquis de Sade fut transféré le 4 juillet 1789 à la prison de Charenton, dix jours seulement avant la prise de la Bastille. La raison de ce transfert ?

De la fenêtre de sa cellule, il excite la foule en vociférant dans un haut parleur bricolé avec un tuyau de fer emboîté dans l'entonnoir destiné à se débarrasser des eaux usées dans les fossés...

Sade serait-il l'instigateur méconnu de la Révolution Française ? La question reste ouverte.

Latude, garçon-chirurgien à la vie dissipée invente un complot fictif pour approcher la marquise de Pompadour.

Pour cela, il lui envoie un colis piégé, en la prévenant in extremis...

Il espère une coquette récompense.

En fait il gagnera des années d'emprisonnements, dans diverses prisons (la Bastille, la forteresse de Vincennes, Charenton, Bicêtre...), années qui augmenteront au fil de ses évasions (3 au total)...

Pour s'échapper de la Bastille, il confectionne une échelle de corde avec ses vêtements et des bûches de chauffage dûment taillées.

Muni de cette échelle de fortune, il s'enfuit avec un complice en passant par la cheminée.

Puni pour insubordination, envoyé aux cachots, il trouvera dans les rats et les pigeons les meilleurs amis du monde.

Alors que la Bastille est à feu et à sang, Latude, avant de quitter sa cellule, s'empare de... l'échelle de la prison.

Fier comme Artaban, au milieu de l'agitation générale, il s'en va tête haute porter son trophée à l'Hôtel de Ville.

Cette échelle de la Bastille se trouve aujourd'hui au musée Carnavalet.

Nicolas Fouquet, intendant des finances sous Louis XIV fut officiellement incarcéré pour crime de lèse-majesté et pour détournement de fonds publics, officieusement trop puissant au goût du roi, il passe plusieurs mois à la Bastille, en 1661, pendant le déroulement de son procès.

Affiche de l'Exposition L'Enfer des Vivants, au Musée Carnavalet

Pellisson, son secrétaire, refuse de le renier. Résultat: il reste embastillé quatre ans, qu'il occupe, notamment, à faire copain copine avec… les araignées de sa cellule.

Bernard Palissy, savant et écrivain français, émailleur, peintre, potier, verrier et compositeur de vitraux fut le protégé de Catherine de Médicis.

Mais il a le malheur d'embrasser la cause protestante…

En 1588, c'est un crime ; on l'emprisonne à la conciergerie, puis à la Bastille où il meurt à peine un an plus tard, de froid, de faim et autre traitements de faveur…

Un mensonge vivace

La prise de la Bastille a toujours été présentée comme une conquête de haute lutte, qui se résume à la reddition d'une prison abritant des victimes de l'arbitraire royal.

En réalité, ne furent détenus que 7 prisonniers, 4 faussaires, 1 libertin et 2 fous, le tout défendu par 32 Suisses et 82 Invalides.

En fait, Bernard-René Jordan de Launay, gouverneur de la prison, refusa de tirer sur les émeutiers, ce qui n'empêcha pas les insurgés de le tuer et brandir comme trophée, sa tête au bout d'une pique.

Quelques semaines plus tard, les Révolutionnaires érigèrent ce fait d'armes en symbole !

La leçon de la Prise de la Bastille

Grâce à Messieurs Colibert et Perrusson et leur Exposition Rétrospective de 1889, nous avons sous les yeux une Bastille pour rire ; l'autre attaquée et prise par le peuple ayant à sa tête et pour chefs des bourgeois, est démolie depuis un siècle.

La féodalité des barons n'existe plus, la royauté est morte.

Mais que cela serve d'exemple au peuple !

Les chefs d'hier sont devenus les maîtres d'aujourd'hui, et de nouvelles Bastilles, de nouveaux bagnes asservissant les travailleurs au nom de la République qu'ils ont fondée; comme il y a cent ans, on les opprimait au nom de Dieu et du Roi.

Du 9 au 14 juin 1794, la guillotine fut installée sur la place de la Bastille : 75 personnes y furent exécutées.

Et pourtant, quelques années auparavant, en 1792, la place avait été baptisée Place de la « Liberté », et en 1793, une jolie fontaine y avait même été installée...

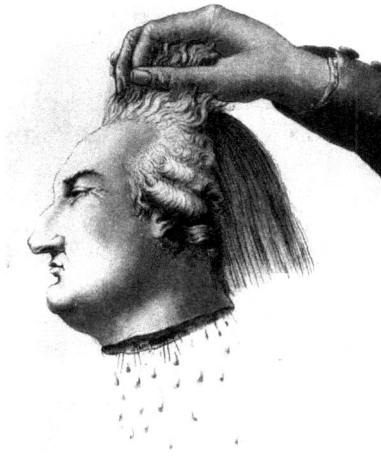

Louis XVI décapité...

Les Vainqueurs de la Bastille

Au lendemain du 14 juillet 1789, La Fayette réorganisa la milice bourgeoise en Garde Nationale pour mettre fin à la situation insurrectionnelle créée par la prise de la Bastille, tout en conservant contre les troupes royales les forces d'une armée civique.

L'Assemblée reste soucieuse de contrôler les éléments armés susceptibles de déclencher des émeutes.

En février 1790, ceux qui se disent Vainqueurs de la Bastille adressent une pétition à l'Assemblée nationale pour obtenir une médaille.

La Commune de Paris vérifia les titres des Vainqueurs, de leurs veuves et de leurs orphelins, à la suite de quoi, Bailly, maire de Paris, écrivit à La Fayette pour le prier d'intervenir auprès de l'Assemblée en faveur des Vainqueurs de la Bastille, « qui méritent bien honneur et argent ».

Un diplôme officiel fut remis à chaque « Vainqueur ». Leur action mémorable est évoquée par l'image de la prise de la forteresse que souligne la légende « Liberté conquise le 14 juillet 1789 ».

Le cartouche entouré d'un décor guerrier et des instruments de la victoire (canons, piques et tambours) est décoré des chaînes rompues du despotisme et des fanions « liberté » et « union ».

La pièce de théâtre ...

Pierre-Mathieu Parein du Mesnil (1755-1831) Général, écrivain et pamphlétaire, fut l'un des vainqueurs de la Bastille ; il écrivit une pièce intitulée "La Prise de la Bastille" qu'il l'offrit en 1801 à l'Assemblée Nationale en ces termes:

"Nous, soussignés, Vainqueurs de la Bastille, attestons à ceux qu'il appartiendra que la pièce de comédie intitulée "La Prise de la Bastille", fait historique en 3 actes, en prose, mêlé d'ariettes, par Pierre-Mathieu Parein du Mesnil, l'un des Vainqueur de cette forteresse, est de la plus exacte vérité, et que tous les faits et les circonstances qui y sont mis en fonction sont entièrement conformes à tout ce qui s'est passé sous nos yeux, tant sur la Place de Grève que pendant le siège de la Bastille.

En foi de quoi, nous avons signé le présent pour lui servir et valoir ce que de raison. A Paris, le 8 janvier 1801." Suivent plus de 200 signatures.

La pièce était accompagnée de cette lettre : "Monsieur le Président, Si les premiers travaux du Corps législatif ont provoqué la destruction du despotisme, a Prise de la Bastille est sans contredit le coup le plus terrible qui lui ait été porté.

Après avoir combattu sous les murs redoutables de cette forteresse, j'ai réfléchi que pour offrir à la postérité ce grand événement dans tout son éclat et conserver parmi nous l'amour de la liberté, je ne pouvais mieux faire que de la mettre en action sur la scène avec ses principaux accessoires.

L'exemplaire que j'ai l'honneur d'adresser à l'Assemblée Nationale remplit cet objet.

Je la supplie d'en agréer l'hommage. Je suis avec un profond respect, Signé: *Pierre-Mathieu Parein du Mesnil*, Homme de loi et vainqueur de la Bastille ".

LES VESTIGES DE L'ANCIENNE BASTILLE

Fort peu nombreux sont les documents qui témoignent encore de l'existence de la prison royale. Le pont de la Concorde a été achevé avec des matériaux provenant de la Bastille.

Les pierres de la Bastille ont également servi à la réparation du terre-plein du Pont Neuf.

On cite des maisons de la Place du Palais-Bourbon, une autre du boulevard Bonne-Nouvelle, une autre encore rue de Tracy…

Il existait dans l'ancien cimetière Saint-Paul (le plus proche de la Bastille) dans lequel on enterrait la plupart des prisonniers décédés, un tombeau entièrement réalisé en pierres de la Bastille, élevé aux mânes des infortunés dont les restes avaient été découverts dans les cachots après la victoire du 14 juillet, mais le cimetière a disparu sous les constructions nouvelles.

Des pierres de la Forteresse ont été utilisés pour construire la maison située au coin de la rue de Bourgogne et du Palais Bourbon ; celle du n°7, rue de Tracy et du n°21, rue de Bonne Nouvelle.

Une peinture de la chapelle de la Bastille représentant Saint-Pierre enchaîné fut placée sur la façade de l'Hôtel de Ville de Paris.

Malheureusement, celle-ci fut détruite lors de l'incendie qui ravagea l'édifice en 1871.

Les Archives Nationales, le Musée Carnavalet, les villes d'Auxerre, Aurillac, Digne, Dijon, Lons-le-Saunier, Mézières, Pau, Périgueux, Saumur, et à l'étranger, Bruxelles, Milan, Mons, Luxembourg possèdent des spécimens des pierres, châsses de la liberté de Palloy, des sabres, des lances, des piques (des vainqueurs), des clefs et des médailles.

De toutes ces reliques, aucune ne rappelle autant de souvenirs que l'horloge (ou carillon) de la Bastille dont le son clair réveilla pendant 25 longues années, de 1764 à 1789, les prisonniers perdus dans leur rêve de délivrance. *(source : Maxime Vuillaume – L'horloge et les cloches de la Bastille*)

Le Carillon de la Bastille

Le carillon de la Bastille, œuvre de l'horloger Quillet, fut installé en avril 1764 sous un petit clocheton situé sur la façade du bâtiment intérieur, dit de l'Etat-Major, entre les tours de la Chapelle et de la Liberté.

C'est l'horloger lui-même qui était chargé le remonter le mécanisme chaque jour ! Ce qu'il fit jusqu'au jour de sa mort, vers 1775.

Un certain Lejeune prit sa suite, jusqu'au 14 juillet…

Toutes les heures une cloche était frappée, son qui s'entendait depuis le bout des faubourgs alentours.

Une autre cloche annonçait, elle, l'arrivée de prisonniers, évènement redouté qui préoccupait tout le monde à la Bastille, les officiers aussi bien que les détenus.

Le carillon sonna jusqu'à son dernier battement, le 14 juillet 1789, à 5 heures un quart, où il s'arrêta, meurtrie par les balles des révolutionnaires.

Echappée au désastre de la première heure, l'horloge fut réquisitionnée par le maître horloger Regnault, porteur d'un ordre du marquis de La Salle, commandant de la milice parisienne.

On la retrouve deux jours plus tard dans le district de Saint-Louis de la Culture, où elle a été transportée avec grand soin, parmi d'autres matériaux provenant de la démolition.

Une surveillance du chantier était devenu indispensable, comme le fait remarquer dans une lettre adressée à l'assemblé des Electeurs qui siégeaient à l'Hôtel de Ville, le 17 juillet, le patriote Palloy chargé de la démolition : *Je vous observe, Monsieur, que tout le monde enlève à la Bastille beaucoup d'effets, et ceux qui sont chargés de veiller, comme M.de la Reunière, enlève lui-même à plein carrosse. Est-ce d'après vos ordres ? Je n'en sais rien…*

A partir du premier coup de pioche donné, ce district était chargé de recevoir les déclarations et les plaintes, de subvenir aux dépenses journalières des ouvriers, de surveiller l'enlèvement des cadavres, le transport des meubles, papiers, livres et registres provenant de la prison.

Le 2 février 1793, le carillon de la Bastille devint enfin la propriété des fonderies de Romilly-sur-Andelle.

En même temps que les années s'écoulaient et que grandissait le souvenir des jours passés, l'antique horloge qu'avait fait construire le lieutenant de police de Louis XV devenait une curiosité, presque une relique.

Elle fut donc conservée précieusement dans l'usine de Romilly pendant plus d'un siècle et demi avant de rejoindre Paris, à quelques dizaines de mètres de son emplacement d'origine.

En effet, elle fut rachetée par un restaurateur parisien passionné de la Bastille, Jean-Louis Viguès qui l'installa dans la salle de son restaurant baptisé Au Carillon de la Bastille, situé au n°11, rue de la Bastille, à quelques mètres seulement de l'ex-emplacement de la Bastille ! Aujourd'hui le restaurant *Vent et Marée* a pris sa place.

Le patron ne manquait pas l'occasion d'actionner ce carillon qui ne manquait pas d'impressionner sa clientèle !

C'est en 1994 que le carillon de la Bastille quittera définitivement Paris, pour rejoindre le Musée Campanaire de L'Isle-Jourdain (Gers), ouvert cette même année.

Ce musée, l'un des plus importants d'Europe, acheta au restaurateur parisien le carillon de la Bastille pour la somme coquette de 100.000 euros.

Je suis spécialement venu admirer (et surtout écouter) cette pièce maîtresse du musée le 15 juillet 2011.

Les trois cloches composant ce carillon furent fondues en 1762 par Jean-Charles Cheron, fondeur de la cour, dont l'adresse était : A l'Epée Royale, rue du Four, Faubourg Saint-Germain, au-dessus de la rue de l'Egout.

Les poids respectifs des cloches sont 125 kg, 72 et 50 kg. Les hauteurs 48, 40 et 34 centimètres. Diamètres 52,47 et 43 centimètres.

Le fronton de l'horloge, qui fut criblé de balles, a disparut de nos jours.

Ce cadran était orné de deux personnages représentant la Jeunesse et la Vieillesse ; une allégorie du temps qui passe...

Certains interprétaient ce bas-relief comme montrant des esclaves enchaînés.

La dernière fois que le peuple eu l'occasion de voir les deux statues du cadran fut le 18 juillet 1790, lors de la grande fête que donna le démolisseur Palloy sur les ruines de la Bastille.

Les Clefs de la Bastille

Les Archives Nationales possèdent l'une des clefs qui ouvraient les appartements du gouverneur de la Bastille et 27 clefs de cachots.

Par contre, la France n'est pas en possession de la principale clef : celle de l'entrée principale de la forteresse.

En effet, celle-ci se trouve outre Atlantique, à Washington, grâce à un certain La Fayette...

La Fayette aussi curieusement que cela puisse paraître, possède un lien solide avec la prise de la Bastille !

C'est en effet lui qui envoya une des clefs de la Bastille (symbole de Révolution) à George Washington, l'une des grandes figures de la Révolution américaine et premier Président des États-Unis.

Elle est aujourd'hui exposée à Mount Vernon (Virginie), résidence de George Washington aujourd'hui transformée en musée où se trouve également son tombeau.

Clef principale de la Bastille conservée à Mount Vernon (Virginie) U.S.A

C'est aujourd'hui la seule clef qui subsiste de la porte principale de la Bastille.

Elle se trouve à gauche de la porte d'entrée principale.

Une réplique de la résidence de George Washington a été réalisée dans le Bois de Vincennes, pour l'Exposition coloniale de 1931.

Elle a ensuite été transportée à Vaucresson, où elle est encore visible au n°33, rue du Professeur Pauchet. C'est une résidence privée.

C'est dans la forêt de Vaucresson, qu'atterrit le 19 septembre 1783, la première montgolfière habitée par 3 animaux, partie de la place d'armes du château de Versailles.

Le Cachot

Jusqu'à présent, on pensait qu'à l'emplacement même de la Bastille, de nos jours recouverts d'immeubles, il ne restait plus rien qui témoigne de son existence.

Mais coup de théâtre, en 2009, un comédien passionné par l'histoire de Paris, Loràn Deutsch, nous révèle dans son livre *Métronome* (Michel Lafon), ce que certains habitants du quartier de la Bastille savaient déjà sans jamais l'ébruiter : il subsiste bel et bien un cachot souterrain intact, miraculeusement épargné par la fureur révolutionnaire.

Son emplacement exact est resté secret pendant 218 ans !

Cette vieille cellule se trouve dans la cave du n°47, boulevard Henri IV, actuellement occupé par un restaurant coréen : le Rollifornia Grill (anciennement La Tour de la Bastille), qui correspond effectivement à une cave située au niveau du rempart de la tour Sud-Ouest de la Bastille baptisée Tour de la Bazinière, comme j'ai pu le vérifier moi-même en consultant d'anciens plans du site.

Cette tour tient probablement son nom d'un des prestigieux prisonniers le Sieur de la Bazinière, Trésorier de l'Epargne, qui y vécut en 1665… Peut-être a-t-il même occupé ce cachot.

Etrangement c'est précisément cette tour, et elle seule qui fut reconstituée intérieurement avec ses cachots lors de la reconstruction de la Bastille en 1888.

C'est la seule tour qui fut fidèlement reconstituée pour être visitée.

Porte originale de la Bastille

Des cachots horribles étaient effectivement enfoncés de 19 pieds au dessous de la cour, 5 pieds environ au dessus du niveau du fossé.

Ils n'avaient d'autre ouverture qu'une étroite barbacane donnant sur le fossé.

Ces cachots souterrains étaient réservés aux prisonniers qu'on voulait effrayer…faire avouer.

Comment ce cachot, précieux témoignage de notre histoire peut-il rester la propriété d'un établissement privé et surtout être en 2009 encore ignoré de la plupart des parisiens eux-mêmes et pire, des historiens ?

Le dernier vestige des tours

Longtemps, il fut admis qu'il ne restait plus rien de l'édifice, tellement l'entrepreneur démolisseur Palloy avait pris soin de tirer profit de la moindre pierre qui était devenue une précieuse relique.

A présent il est possible de voir une portion d'un parapet extérieur de la Bastille dans le métro, sur le quai de la station Bastille.

Mais pour voir le vestige le plus intéressant qui fut retrouvé lors de fouilles effectuées en 1899, il faut se rendre dans le Square Henri Galli. Ici est exposé à l'air libre une partie de la fondation de la Tour de la Liberté, où fut enfermé entre autre le célèbre marquis de Sade.

Dernier vestige d'une tour de la Bastille
(square Henri Galli)

Place de la Bastille, il est encore possible de voir l'emplacement exact de la prison de la Bastille.

En effet, au sol dans le pavement, des pavés de couleurs différentes tracent le contour des murs et des tours.

On peut ainsi se rendre compte de la dimension relativement réduite du bâtiment en comparaison avec l'idée que l'on s'en fait, déformée par les gravures et les tableaux vus dans nos livres d'Histoire.

Emplacement d'une des tours de la Bastille

Un parapet extérieur de la Bastille est visible sur le quai de la station Bastille.

L'emplacement de trois tours est marqué dans le pavement de la chaussée.

ICI ÉTAIT L'ENTRÉE DE L'AVANT COUR
DE LA BASTILLE
PAR LAQUELLE LES ASSAILLANTS
PÉNÉTRÈRENT
DANS LA FORTERESSE
LE 14 JUILLET 1789.

Plaque commémorative de la prise de la Bastille, à l'angle de la rue Saint-Antoine et de la rue Jacques-Coeur.

Médailleur de profession, Jean-François Palloy sculpta en quantité des statuettes à l'effigie des grands révolutionnaires et des reproductions miniatures de l'ancienne prison dans les pierres et les dalles qu'il extrait quotidiennement.

Pour contribuer à la fête organisée par Montmorency en l'honneur du *créateur de la liberté française*, il offrit une pierre de la Bastille dont le centre comporte le portrait gravé de Jean-Jacques Rousseau, dans un sous-verre.

Destinée au premier monument public de Montmorency dédié à Rousseau en 1791, la pierre disparaît sous la Restauration.

Elle est retrouvée brisée sous l'estrade de l'ancienne mairie de Montmorency en 1896.

La partie centrale, disparue, fut reconstituée à partir des documents de l'époque. Elle est aujourd'hui exposée au Musée Jean-Jacques Rousseau, à Montmorency.

Les Bastilles miniatures

L'entrepreneur de travaux publics Pierre-François Palloy chargé de la démolition de la Bastille se présenta en pleine période révolutionnaire comme « le patriote Palloy » et comme Vainqueur de la Bastille.

Il tira doublement profit de la destruction : d'abord parce qu'il était payé par l'État pour la réaliser, d'autre part parce qu'il va vendre pendant des années, par petits morceaux, les pierres de la forteresse comme *souvenirs patriotiques*, y faisant même sculpter parfois des Bastilles miniatures ou des bustes de héros révolutionnaires...

Et ainsi, de pierre en pierre, va se construire une nouvelle Bastille : celle du mythe.

Le secret révolutionnaire de la rue de Tracy

Peu de temps après la Prise de la Bastille, il ne restait pratiquement plus rien de visible de cette sinistre prison symbole du despotisme.

La majorité de ces pierres furent utilisées pour le pont de la Concorde qui était alors en construction à la même époque (entre 1787 et 1790) et pour revêtir la rue de Tracy (située dans le quartier Bonne-Nouvelle), qui venait de s'ouvrir 3 ans avant la Prise de la Bastille, sur les dépendances de l'Hôtel de Claude Destutt, comte de Tracy.

Pourquoi avoir choisi de paver cette rue de Tracy avec les pierres de la Bastille, si ce n'est dans un but symbolique ?

Le but avoué du réemploi de ces pierres devenues symboliques, était de permettre aux parisiens de fouler ce symbole de l'arbitraire royal.

Anecdote troublante…

Le 21 août 1798, soit 9 années après la Prise de la Bastille, au n° 16, rue de Tracy, dans le chœur d'une ancienne église, occupée par l'imprimerie, est né l'un des plus grands historiens français : Jules Michelet (1798-1874).

Pour un historien, quoi de plus enivrant que de faire ses premier pas sur des pavés aussi symboliques, qui racontent l'un des épisodes les plus importants de l'Histoire de France ?

Est-ce cette rue profondément imprégnée de la Bastille qui lui inspira cette Histoire de la Révolution Française en 7 volumes, qu'il écrivit entre 1847 et 1853 ?

La Bastille poursuit Michelet encore aujourd'hui : la ligne virtuelle qui relie la rue Michelet à sa tombe au cimetière du Père Lachaise traverse la Place de la Bastille ! (système d'alignements symboliques du Parisis Code).

Dans le Marais, au 17 rue du Pont au Choux, l'atelier de Patrick Desserme (dernier bombeur de verre de Paris) a été construit à partir des pierres qui proviennent de la démolition.

On réalisa également une plate-forme à canon pour le Pont-Neuf...

Avec le reste des pierres de la Bastille, Palloy a fait creuser des encriers et tailler 83 maquettes de la prison, qui furent distribuées à raison d'une par département, pour perpétuer l'horreur du despotisme. La plupart des maquettes ont été perdues ou détruites mais on peu en admirer un exemplaire au Musée Carnavalet.

Il n'existerait que deux pierres provenant des cachots de la Bastille, décorées du bonnet phrygien : l'une au musée savoisien de Chambéry et l'autre à Vatimont (57) ; elle est appliquée au mur du hall de la mairie.

Mais l'entrepreneur Palloy ne s'est pas contenté que des pierres ; en effet avec les verrous il fit confectionner des lames d'épée, dont l'une fut offerte à *La Fayette*.

Avec les anciennes chaînes et les anciens verrous, il fit faire des médailles de la Bastille frappées de slogans révolutionnaires.

Avec les feuilles des registres de la prison, il fit imprimer des cartes à jouer ; avec les cendres des titres de noblesse, il fit fabriquer du mastic ; avec le marbre de la cheminée, un domino destiné au dauphin…

Enfin il adressa à 54 districts des pierres ornées d'une inscription : *Cette pierre vient des cachots de la Bastille. Donnée par Palloy, patriote.*

Palloy était aussi un petit filou, comme en témoigne certaines reproductions sensées avoir été taillée dans une pierre de la Bastille.

La ville de Châlons possède effectivement une telle œuvre, entrée dans les collections du Musée vers 1807. Cette Bastille présentée au Musée Schiller-Goethe, nous rappelle combien le citoyen Palloy sut admirablement profiter d'une situation pour tromper son monde !

Ou, pour le moins, satisfaire la demande patriotique de ses concitoyens en *produits dérivés* de la prise de la Bastille.

Cette Bastille châlonnaise qui mesure 38 cm de haut, 99 de long et 57 de large, est une maquette authentique mais … en plâtre, un matériau somme toute bien plus facile à travailler que la pierre et se prêtant admirablement aux moulages en série ! (*Source: le petit catalaunien illustré*)

Lorsque le Patriote Palloy sera jeté en prison sous la *Terreur*, il fera même venir des pierres de *La Bastille* pour s'en faire un siège !

Enfin, ultime trouvaille, il prépara sa pierre tombale avec une pierre de La Bastille (bien sûr) sur laquelle il fit graver son *dernier adieu.*

Ses parents ont vraiment été bien inspirés en le prénommant « Pierre » ! (*Source : André Castellot*)

L'ETRANGE OUBLI DES PARISIENS

Comment la reconstruction de la Bastille a-t-elle pu être oubliée en si peu de temps ? Entre sa nouvelle démolition en 1892 et la découverte des archives de Fernand Pigeat en 1960, il ne s'est écoulé que 68 ans !

Pourtant cette résurrection a durée 4 ans et a connu, on le sait, un énorme succès, comme en témoignent les nombreux articles élogieux dont je n'ai relaté qu'une infime partie.

Même aujourd'hui, malgré le merveilleux outil de connaissance qu'est internet, on ne trouve pratiquement aucune trace de cette reconstruction.

C'est pourquoi, lorsque j'en ai eu connaissance par hasard au cours d'un surf sur internet, j'ai tout de suite voulu en savoir plus sur cette mystérieuse nouvelle Bastille qui renaquit un jour dans Paris.

Je me suis dit que les parisiens seraient curieux d'apprendre une telle nouvelle. Pour cela, quoi de mieux qu'un livre avec beaucoup de photos ?

Mais allais-je avoir assez de matière pour rédiger ce livre ? Je contactai aussitôt le découvreur des archives, Fernand Pigeat, qui mit à ma disposition toute la documentation qu'il possédait.

Certes, une partie de ces documents doivent être conservés quelque part aux Archives Nationales, mais j'aurais eu beaucoup de difficulté à y accéder. De plus ce ne sont que des copies ; or Monsieur Pigeat possédait les originaux !

Sans la découverte des archives de Fernand Pigeat, cet épisode de l'Histoire aurait sombré définitivement dans l'oubli. Si ces documents étaient tombés dans d'autres mains, qui sait ce qu'il serait advenu d'eux ?

Mais revenons au contexte de l'époque ; il ne faut pas oublier qu'à l'occasion de l'Exposition Universelle de 1889, la France avait les yeux braqués sur l'immense tour que Gustave Eiffel édifiait en 1888, au Champ de Mars, face au Trocadéro. Cette tour était de plus l'objet de nombreuses controverses.

Sans elle, à n'en point douter, la reconstruction de la Bastille aurait été incontestablement la grande vedette de cette Exposition qui, de plus, rappelons-le correspondait aux fêtes du Centenaire de la Révolution Française. Elle avait à cet égard une évidente légitimité.

Rare gravure de 1889 montrant l'emplacement exact de la Bastille reconstruite par rapport à l'Exposition Universelle.

CONCLUSION

Le visiteur de cette exposition antique, chef-d'œuvre archaïque qui rappelait tant de grands et nobles souvenirs, pouvait donc s'imaginer qu'il était ramené un siècle en arrière. L'illusion était complète !

C'était le centre d'une véritable résurrection de tous les évènements glorieux de l'histoire du siècle dernier.

Il est donc incontestable que, même si la Tour Eiffel lui a volé la vedette le temps de l'Exposition Universelle de 1889, la nouvelle Bastille fut le cadre le plus digne des brillantes et patriotiques solennités des fêtes du Centenaire de la Révolution Française.

Elle eut une longue et fructueuse carrière. Jean-Marie Perrusson et M.Collibert peuvent être fiers de cette réalisation exceptionnelle, et j'espère que ce livre réalisé grâce à la précieuse collaboration de Fernand Pigeat (27/12/1927) contribuera à ne plus jamais oublier qu'un jour, deux hommes ont fait revivre à Paris, pendant quelques années, ce puissant symbole national que fut la prison-forteresse de la Bastille.

Monsieur Jean-Marie Perrusson décédera 9 ans après son « bébé », la Nouvelle Bastille. Son usine et ses dépendances lui survivront encore un demi siècle, mais subiront le même destin que les deux Bastilles, et finiront entre les mains des démolisseurs.

Monsieur Perrusson, grand amateur d'Histoire devant l'Eternel, avait scrupuleusement, avec amour, conservé toutes les photos, plans, correspondances et articles de presse relatifs à l'Exposition Rétrospective. Tout était minutieusement classé, numéroté, archivé et stocké dans des caisses en bois, dans son bureau.

Apparemment ses descendants ne se sont plus intéressés, et ont vite oublié ce qui fut la plus enivrante expérience de sa vie, si bien que 50 années plus tard, malgré ses 4 années de gloire et ses millions de visiteurs, plus personne, en France, mais également à Paris ne se souvenait de l'existence passée de cette prestigieuse mais éphémère reconstruction. Comment expliquer cette ingratitude?

Et pourquoi depuis 120 ans, personne n'a jamais eu, comme Monsieur Perrusson, l'idée de reconstruire la Bastille ?

"L'Ephémère Résurrection de la Bastille"... ce livre évoquant la reconstruction de la Bastille de 1887 à 1891 est véritablement né des "cendres" de la défunte tuilerie Perrusson d'Ecuisses, en 1960.

Il aura fallu 50 années supplémentaires pour que les archives de l'Exposition Rétrospective de la Bastille "parlent".

Pour que le grand public puisse enfin voir le véritable visage de la Bastille, plus réel que n'importe quels tableaux ou gravures plus fantaisistes les uns que les autres, présentés dans nos livres d'histoire, jusqu'à présent.

Enfin, on peut l'observer exactement comme si la photographie avait déjà existé en 1789 ! Malheureusement, ce que présente ce livre n'est qu'une infime partie des clichés qui furent pris à l'occasion de cette exposition!

Consolons nous en nous rappelant qu'il s'en est fallu de peu pour que ces précieuses négatifs sur verre finissent à jamais, avec les autres, dans une décharge d'Ecuisses.

Etrange destin que cette nouvelle Bastille dont le souvenir fut miraculeusement sauvé par Fernand Pigeat...un démolisseur ...au grand cœur ! Merci Fernand !

PROJET POUR DISNEYLAND-PARIS...
OU AUTRE PARC DE LOISIRS

La reconstruction de la Bastille et de la rue Saint-Antoine, en 1888, fut en fait la création d'un véritable parc d'attraction tout-à-fait dans l'esprit Disney, au cœur de Paris.

Un souci du détail poussé à l'extrême, un sens de la théâtralité, un respect de l'Histoire et un goût prononcé pour le spectaculaire.

En découvrant tous les documents sur la préparation de la reconstruction, les énormes moyens mis en œuvre, je me suis dit qu'il serait passionnant de faire renaître à Marne-la-Vallée, au sein du Parc Disneyland-Paris, une nouvelle fois la Bastille.

Ce parc est certes un petit coin des Etats-Unis d'Amérique, mais il lui manque cette spécificité qui le démarquerait des autres parcs Disney dans le monde. Pourquoi ne pas reprendre tous les documents de Jean-Marie Perrusson et reconstruire cet ensemble de l'architecte exactement tel qu'il le réalisa en 1888 ?

Comme spectacle journalier il suffirait de reconstituer à l'identique, avec un cascadeur, l'Evasion de Latude, exactement comme elle fut présentée par Perrusson.

Par contre à l'intérieur de la Bastille, au lieu de la salle de spectacle aménagée en 1888, je proposerais une sorte d'annexe du Musée Grévin où l'on retrouverait en cire et dans un décor approprié, tous les souverains de Clovis à Louis-Philippe.

Dans les lugubres cellules on verrait en situation les plus célèbres prisonniers de la forteresse, comme le Marquis de Sade, Latude, etc...

Un tapis roulant ou des wagonnets permettraient de passer devant les différents tableaux comme Disney l'a déjà réalisé dans sa grande géode d'Epcot Center à Orlando, en Floride.

A ce propos, saviez-vous qu'à Orlando, siège de Disneyland, se trouvait une rue baptisée Bastille Lane ?

Ce voyage dans le temps se terminerait, comme il se doit, au centre de la Bastille, avec la reconstitution de l'exécution de Louis XVI et de Marie-Antoinette.

A l'extérieur, le week-end, une grande reconstitution historique retracerait fidèlement la Prise de la Bastille.

Les visiteurs trouveraient quelques échoppes reconstituées à la manière de 1789, avec des figurants en costume d'époque.

Dans une auberge, le visiteur aurait l'occasion de prendre un repas typique du 18ème siècle. Comme en 1888, un ballon captif pourrait s'élever au dessus de la Bastille pour admirer le parc vu d'en haut...

Pour les visiteurs américains, très nombreux en été à visiter Paris, et pour qui le 14 juillet est le Bastille's Day, ce serait une occasion rêvée de voir de près cette Histoire de France qui les passionnent.

Quant aux petits français, ce serait pour eux une façon ludique d'apprendre ou de réviser cette grande période de l'Histoire de France.

Alors la Disney Compagnie, prête à relever le défit comme Jean-Marie Perrusson en 1888 ? Pourquoi pas en 2019, à l'occasion des 230 ans de la Prise de la Bastille ?

Ce serait alors la seule reproduction au monde, en grandeur réelle, de la Bastille.

Et si ce n'est pas à Disneyland-Paris qu'on aura l'occasion de revoir la Bastille, pourquoi pas au Parc Astérix ?

J'avais aussi proposé cette idée au grand parc allemand Europa Park, de Rust, qui a reproduit à plus petite échelle une portion du Colisée de Rome. Les dirigeants ont estimé que cette reconstruction, que ce soit sous forme d'attraction ou d'hôtel n'était pas du tout dans la ligne directrice du concept de leur parc.

Un grand merci à Fernand Pigeat qui a mis gracieusement à ma disposition toutes ses archives, afin que ce livre puisse se faire.

Fernand Pigeat né le 27 décembre 1927 -   (Ecuisses août 2011)

En arrière plan, le musée installé dans une péniche,

près de la Neuvième Ecluse.

Version enrichie : 1/10/2012

VITRINE DES LIVRES

Parisis Code 1

- Editions Dualpha - (35 euros) (ISBN 978-2-35374-119-9)

Le Code Secret des rues de Paris (Parisis Code 2)

- Editions Dualpha - (27 euros) (ISBN 978-2-35374-210-3)

L'Ephémère résurrection de la Bastille

- Lulu.com – 20 euros (ISBN 978-2-9540731-0-1)

Le Secret Solaire du Mont Sainte Odile (tome 1)

- Lulu.com – 18 euros (ISBN 978-2-9540731-0-8)

Les Phénomènes Solaires Artificiels

- Lulu.com – 18 euros (ISBN 978-2-9540731-2-5)

Et Dieu créa le Code (Parisis Code 3)

- Lulu.com (24 euros) ISBN 978-2-9540731-7-0)

Version E-Book - 12 euros (ISBN 978-2-9540731-5-6

PARIS, Capitale du Destin (Parisis Code 4)

- Lulu.com (24 euros) ISBN 978-2-9540731-4-9

L'inquiétant message de Chilbolton

- Lulu.com (10 euros) ISBN 978-2-9540731-6-3

Le Métro Virtuel - (Parisis Code 5)

Lulu.com (24 euros) ISBN 979-10-91289-01-6

Le Grand Code de Londres

Lulu.com (13 euros) ISBN 979-10-91289-04-7

Les clefs cachées de la Vie

Lulu.com, (15 euros) ISBN 979-10-91289-05-4

Enigmes

Lulu.com, (15 euros) ISBN 979-10-91289-06-1

Tous ces livres peuvent être commandés directement. Ajouter 4 euros pour frais d'envoi. Port gratuit à partir de 3 livres.

Contacter l'auteur : Par mail : t.van-de-leur@laposte.net

ou sur son skyblog : http://parisis-code.skyblog.com

www.ingramcontent.com/pod-product-compliance
Lightning Source LLC
Chambersburg PA
CBHW061740270326
41928CB00011B/2318